AF453375

DES VOIES

DE COMMUNICATION,

CONSIDÉRÉES

SOUS LE POINT DE VUE DE L'INTÉRÊT PUBLIC.

Les autres ouvrages de l'auteur se vendent chez le même libraire, savoir :

TRAITÉ DE LA GÉOMÉTRIE DESCRIPTIVE, 1 volume in-4, avec atlas de 67 planches, aussi in-4 ; 2e édition.

TRAITÉ DE LA SCIENCE DU DESSIN, 1 vol. in-4, avec atlas de 55 planches, aussi in-4 ; 2e édition, *sous presse*.

TRAITÉ DE LA COUPE DES PIERRES, 1 vol. in-4. Cet ouvrage sera composé de dix Livres, du prix de 2 fr. 50 cent. chacun. Le 1er et le 2e, ensemble 15 planches, sont en vente.

LETTRE à M. Urbain Sartoris.

AMÉLIORATIONS à introduire dans les ponts et chaussées, No 1.

DE L'ALIÉNATION DES CANAUX ; No 2, faisant suite à l'écrit précédent.

MÉMOIRE sur les réservoirs d'alimentation des canaux. Extrait revu et corrigé des *Annales des ponts et chaussées*.

PARIS. — IMPRIMERIE ET FONDERIE DE FAIN,
RUE RACINE, N° 4, PLACE DE L'ODÉON.

DES VOIES

DE COMMUNICATION,

CONSIDÉRÉES

SOUS LE POINT DE VUE DE L'INTÉRÊT PUBLIC;

AVEC

UN *APPENDICE*

SUR LES CHEMINS DE FER DE PARIS A BOULOGNE, CALAIS,
DUNKERQUE, LILLE ET VALENCIENNES.

PAR L.-L. VALLÉE.

MEMBRE DE LA LÉGION-D'HONNEUR, ANCIEN ÉLÈVE DE L'ÉCOLE POLYTECHNIQUE,
INGÉNIEUR EN CHEF DES PONTS ET CHAUSSÉES, etc.

N° 3.

Faisant suite à l'écrit intitulé : *De l'aliénation des canaux.*

« Il faut que les transports, sur les voies de communication
» de premier ordre, soient en général affranchis de péages. »
§ 3, page 4.

« L'extinction des péages, sur les lignes navigables im-
» portantes, est une opération encore plus utile pour le tré-
» sor et pour la prospérité générale du royaume, que la
conversion des rentes 5 pour 100. »
§ 86, page 109.

PARIS,

CHEZ CARILIAN-GOEURY, LIBRAIRE,

QUAI DES AUGUSTINS, 41.

JUILLET 1836.

[illegible]

[illegible]

DÉDICACE.

Aux habitants des départements traversés par les chemins de fer projetés de Paris à Boulogne, Calais, Dunkerque, Lille et Valenciennes.

MESSIEURS,

Vous désirez des chemins de fer, et c'est avec raison, car ils peuvent vous être fort utiles, et votre richesse permet que vous trouviez facilement parmi vous le capital qu'exige leur construction (*). Dans cet état de choses, vous ne pouvez pas,

(*) *Voyez* la note première.

a

Messieurs, rester indifférents, et ce qui doit vous occuper surtout, c'est qu'on puisse opérer sans recourir aux compagnies concessionnaires.

Examinez bien, en effet, tout ce qui concerne les concessions.

Ne vous enlaceraient-elles pas dans un système de tarifs qui sont toujours défectueux, qui sont quelquefois absurdes (*voyez* le § 5), et qui ne peuvent presque jamais être modifiés, dans de bonnes vues, que très-difficilement (§ 11)?

Ne pourrait-il pas arriver que vous vissiez l'entreprise se former, marcher, s'arrêter, tomber comme celle du canal de Roubaix, comme celle du canal de la Corrèze à la Vezère (§ 45), et bien d'autres, et que votre jouissance se trouvât ensuite indéfiniment ajournée ?

Les tarifs ne pourraient-ils pas être augmentés avant la fin des travaux (§ 8), par le motif que la compagnie, qui peut-être aurait opéré sans économie, ne compterait plus, au moyen des droits fixés primitivement, sur d'assez grands produits pour satisfaire à ses engagements ?

Ne pourriez-vous pas être obligés, vous, vos fils et vos petits-fils, de payer vos transports si cher que vous fussiez bientôt réduits à demander, ainsi que cela s'est vu naguère pour le canal de Givors (§ 8), qu'on vous fît de nouvelles voies à côté de celles que vous auriez obtenues?

La concession d'abord limitée ne pourrait-elle pas devenir perpétuelle (§ 7)?

La compagnie, par des clauses expresses, par des clauses omises, par des clauses qui auraient changé de valeur avec le temps (§ 45), ne pourrait-elle pas directement ou indirectement mettre obstacle à l'exécution d'embranchements et de lignes rivales que d'autres compagnies voudraient établir et que réclamerait votre prospérité (§ 41)?

Les concessionnaires ayant des intérêts différents de ceux des actionnaires, ne pourriez-vous pas voir ces derniers ruinés, et les premiers enrichis par des économies qui auraient conduit, soit à des retards de jouissance, soit à de mauvais travaux (§ 50 et § 55)?

Ne pourriez-vous pas être jetés dans les embarras inextricables de réclamations comme celles qu'occasionnent le canal de la Haute-Deule et le chemin de fer de Saint-Étienne?

Les concessionnaires ne pourraient-ils pas s'associer à des établissements particuliers, et parvenir à ne faire que les transports de ces établissements, de façon à vous rendre plus tard tributaires d'un monopole qu'ils auraient créé en ruinant ou en paralysant celles de vos industries avec lesquelles ils se seraient trouvés en concurrence?

Sans doute vous avez tout cela à craindre, et l'on a fait assez de travaux par voie de concession, en France et dans votre voisinage, pour que votre conviction à cet égard, Messieurs, soit entière et fondée sur des faits.

Et remarquez bien, je vous prie, que les concessions que vous connaissez, ne vous offrent qu'en petit les inconvénients dont vous devez désirer d'être préservés.

En effet, si les concessionnaires des travaux peu considérables que vous avez vu faire, savent cependant, malgré la faible valeur de ces travaux, trouver des associés, des appuis, des protecteurs assez puissants pour que leurs intérêts dominent l'intérêt général, que ne devriez-vous pas craindre d'une compagnie qui aurait une entreprise de chemins de fer de soixante à quatre-vingts millions (§ 110)?

Cette compagnie, Messieurs, serait une véritable puissance. Figurez-vous que votre dépendance envers elle serait établie par un acte de concession qui, vu l'importance de son objet, serait un véritable traité de commerce (§ 44), mais qui ne serait pas susceptible d'être aussi facilement modifié, selon les besoins de la civilisation, que l'est un traité de commerce entre deux états voisins, et qui, tout au contraire, tendrait à limiter le progrès (§ 13, § 39 et § 41), et serait contre vous inflexible, inviolable comme la loi, et cela à vos frais, et cela pendant quatre générations d'hommes.

Il faut vous mettre à l'abri de chances si désastreuses.

Les impôts de toute espèce que vous versez au trésor sont d'environ deux cents millions ; votre revenu territorial s'élève à lui seul à deux cent seize, et rien ne vous oblige dans cette position de fortune à vous livrer à des compagnies exécutantes ; car vous pouvez former aisément parmi vous une compagnie de préteurs (§ 67) avec laquelle vous obtiendrez des chemins de fer débarrassés de péages au bout d'un très-petit nombre d'années (§ 119).

Mais, direz-vous, c'est le gouvernement qui exécuterait les travaux, et il n'opère pas assez bien pour mériter notre confiance. Examinons ce point, sur lequel les idées du public sont étrangement faussées.

Et d'abord, considérez que les compagnies ne sortiront pas tout armées du cerveau de Jupiter pour agir dans votre intérêt. Elles seront plus occupées de bénéfices que d'exécution, et pour qu'elles fonctionnent, à leur naissance, non pas bien, non pas même passablement, mais quelque peu, elles feront toujours pour de grands travaux d'immenses sacrifices d'argent (§ 31). Elles auront en effet tout à créer, et à créer pour un travail momentané : calculez ce qui devra s'ensuivre (§ 36).

Le gouvernement au contraire, a d'avance, lui, tous les moyens nécessaires pour faire marcher immédiatement le service.

Il a sa direction générale des ponts et chaussées, ses préfets, ses maires, ses employés, ses préfectures, ses bureaux, etc. : voilà pour la gestion administrative.

Il a son ministère des finances, ses receveurs généraux et particuliers, ses préposés aux recettes directes, indirectes et des domaines, établis, installés, disséminés dans toutes les villes, acquittant tous les mandats des préfets, et recevant toutes les sommes qui vont au trésor : voilà pour la gestion financière.

Il a son corps d'ingénieurs, ses conducteurs de travaux, ses piqueurs : voilà pour la partie d'art.

Dans chaque grade, ses employés connaissent à fond leur service, et des cautionnements garantissent la gestion de ceux qui sont attachés aux finances.

Pensez-vous qu'une compagnie puisse rassembler tant de sortes d'agents, qui aient, au même degré que les agents du gouvernement, des connaissances communes, l'habitude d'un travail fait avec ensemble et suivant les mêmes principes, une hiérarchie arrêtée, des talents mis à l'épreuve, une expérience incontestée, une moralité au grand jour………? Non sans doute.

Eh bien! comptez ce qu'une compagnie improvisée aurait à payer en salaires très-élevés d'agents capables ($ 31), en salaires plus chers encore d'agents incapables, en récompenses à donner pour exciter le zèle d'hommes à affaires préoccupés de leur fortune, en fautes involontaires, en pertes pour mal-entendus, en loyers de bâtiments, en bureaux à établir, etc., etc., et vous vous direz qu'avec le gouvernement tout cela, et c'est considérable, est d'abord économisé.

Et quant à la bonne conduite des travaux, les exemples ne vous manquent pas pour asseoir votre opinion.

Pensez-vous que le canal de Saint-Quentin ait été mieux étanché par le moyen d'une concession, que le canal du Centre ne l'a été par les travaux de M. Minard, ingénieur en chef des ponts et chaussées? Toute la différence, c'est que vous payez pour la concession du canal de Saint-Quentin plusieurs fois ce que vous payeriez si le gouvernement avait opéré avec une compagnie de prêteurs.

Pensez-vous que les nombreuses écluses exécutées au moyen de péages dans votre localité, ne soient pas payées très-chèrement par vous? Elles vous auraient certainement coûté beaucoup moins si le gouvernement les avait construites avec le secours d'emprunts souscrits par ceux de vos négociants, de vos fabricants, de vos propriétaires, qui font le plus d'usage de la navigation.

Pensez-vous que les débats auxquels conduisent les concessions du canal de la Sensée (*), du canal de Roubaix (**) et du canal de la Haute-Deule n'équivalent pas pour vous à un renchérissement du prix de ces canaux?

Considérez maintenant des travaux faits par le gouvernement.

(*) La prompte exécution du canal de la Sensée a contribué beaucoup à mettre en faveur l'emploi des compagnies exécutantes; cependant la concession de ce canal, malgré le mérite de la personne extrêmement capable qui en a eu l'entreprise, offre un des exemples les plus propres à combattre le système des compagnies concessionnaires. C'est ce dont on peut se convaincre en examinant soigneusement la loi de concession du 13 mai 1818.

(**) *Voyez* les notes II et III.

Le canal de l'Oise, par exemple, ne vous donne-t-il pas une bonne navigation? n'a-t-il pas été bien exécuté? n'a-t-il pas été fait pour le prix de l'estimation (*)?

Le canal de Saint-Quentin, vous ne pouvez pas l'ignorer, est un travail que les ingénieurs de l'état ont conduit avec beaucoup d'économie.

Nos grands ponts faits par le gouvernement, les routes ouvertes sous l'empire, au Simplon, au Mont Cenis, etc., méritent sous tous les rapports des éloges. Je pourrais vous citer une infinité d'autres travaux ; car toute la France m'offre des exemples, et je ne suis embarrassé que du choix.

Je ne prétends pas cependant que le gouvernement exécute et projette toujours bien, ni qu'il n'y ait aucune amélioration à introduire dans les ponts et chaussées ; je suis bien loin de là (**). Mais je dis que dans l'état où sont les choses, tout examen impartial montrera que les ingénieurs du gouvernement, pour peu que l'administration le veuille, sont, pour opérer convenablement, dans une position bien meilleure que celle des ingénieurs attachés à des concessions (***).

Et s'il en était autrement, Messieurs, je vous conseillerais encore de faire tous les sacrifices d'argent qui seraient nécessaires pour que vos transports ne fussent pas inféodés à des compagnies (§ 42), et pour que vous pussiez arriver promptement à

(*) *Voyez* le rapport sur la situation des canaux au 30 mars 1829, p. 114. En général, tous les projets qui sont complétement étudiés, et dans un système sur lequel on est bien arrêté, ne coûtent dans les ponts et chaussées que le prix de l'estimation. C'est ce qui arrive pour la masse immense d'ouvrages qui s'exécutent chaque année pour l'entretien. Quant aux travaux extraordinaires, les seuls sur lesquels l'attention du public soit vivement attirée par les discussions des chambres, il en est quelquefois autrement, non pas parce que les ingénieurs estiment mal ce qu'ils proposent, mais parce que les travaux projetés subissent, à mesure qu'on s'éclaire mieux sur leur destination, des modifications, des perfectionnements qu'il est heureux qu'on puisse admettre, et qui changent le montant de la dépense. Sous ce rapport notamment, et même sous d'autres rapports, les canaux entrepris en 1822 sont cités, mal à propos, comme une preuve de l'inexactitude des estimations du corps des ingénieurs.

(**) *Voyez* la note IV.

(***) *Voyez* le deuxième alinéa du § 55.
On peut dire que les capacités ne manquent ni aux compagnies ni au gouvernement, bien qu'on puisse toutefois perfectionner l'enseignement de l'école

la suppression des péages des chemins de fer, attendu que cette suppression est nécessaire, non-seulement en ce qui concerne les transports rapides, mais encore pour amener l'abaissement du prix des transports par eau sur les lignes navigables qui vous intéressent (§ 101).

Agissez donc, entendez-vous, opérez dans le sens du véritable esprit d'association (§ 25), et repoussez de toutes vos forces l'esprit de spéculation qui viendrait mettre ses prétentions de bénéfices indéfinis en opposition avec vos besoins les plus impérieux. Cotisez - vous ; et si vous parvenez, par l'influence des hommes capables et bien intentionnés de votre localité, à réaliser seulement vingt millions, tout marchera, car notez bien qu'au besoin l'Angleterre et la Belgique vous aideront (§ 120).

Dans ces deux états, on se hâte d'exécuter. En Belgique les travaux sont faits par le gouvernement, et ils donnent d'admirables résultats. C'est un fait qui mérite, Messieurs, d'attirer sérieusement votre attention (§ 120).

Vous aurez à remarquer que les Belges avaient à faire deux très-grands pas dans la voie du progrès. L'un qui consiste à éviter les compagnies exécutantes ; l'autre qui a pour objet l'emploi des tarifs transitoires destinés à ménager les industries menacées, et à conduire graduellement, mais en peu d'années, à la suppression des péages (§ 4). Ils ont fait le premier de ces deux pas ; le second leur reste à faire. Vous pouvez, Messieurs, par une sage intervention, les faire tous les deux à la fois.

Mais il ne s'agit pas seulement d'établir des chemins de fer, il s'agit d'entrer dans une voie de progrès industriels ayant pour caractère de s'opérer sans secousse et d'améliorer notre position financière.

Marcherez-vous les premiers dans cette voie? J'en doute, et je crains beaucoup que cet écrit ne suffise pas pour porter à cet

polytechnique et de toutes les autres écoles de travaux publics; mais pour bien projeter et pour bien exécuter de grands ouvrages, il ne faut pas seulement des hommes capables, il faut avant tout que l'intérêt de ces hommes soit le plus possible d'accord avec l'intérêt social. C'est surtout sous ce rapport que le corps des ponts et chaussées a de l'avantage sur les compagnies.

égard la conviction dans vos esprits. Mais il y a parmi vous des hommes animés d'un grand zèle; ils méditeront les questions qui vous intéressent, et ils comprendront, je l'espère, qu'en fait de grands travaux publics, il ne peut y avoir qu'une bonne compagnie, une seule bonne association, c'est celle de tous les Français ayant à leur tête l'administration, éclairée par les observations des véritables intéressés, et surtout par la publicité.

Cet écrit, Messieurs, expose des théories qui sont pour vous d'un haut intérêt. Par ce motif, et à cause de l'attachement que je porte à votre localité, que j'ai longtemps habitée, je me suis appliqué avec plaisir à le développer dans le sens qui vous touche, et je vous en offre la dédicace.

AVANT-PROPOS.

A MESURE que la civilisation avance, les intérêts qui divisent les hommes tendent à se rapprocher de plus en plus, et à prendre la direction d'un intérêt unique : celui de la société.

A l'époque où nous sommes, la civilisation est encore fort imparfaite, et il s'en faut bien que l'intérêt général, ou le *socialisme*, domine et dirige nos actions. Le principe opposé, l'*individualisme*, est le plus souvent celui qui, à notre insu, conduit toutes les affaires.

Les personnes un peu éclairées comprennent toutefois qu'en accordant à une compagnie, par exemple, le privilége de fournir de cuir nos armées, pour des prix convenus, cette concession fait naître un intérêt individuel si fortement opposé à l'intérêt social, que la compagnie privilégiée, pour livrer de mauvaise marchandise qu'elle se procure à bas prix, s'applique à empêcher toute fabrication de bon cuir. Dans ce but, elle séduit et corrompt, quand c'est possible, les hommes appelés à contrôler ses opérations; elle s'efforce de fausser les idées du public sur l'utilité des procédés les meilleurs, et elle tâche d'arrêter le progrès de l'art au point juste où son intérêt veut qu'il reste fixé. Il n'y a qu'un cri chez nous contre un tel monopole.

Mais , en même temps qu'on le repousse , on admet que de grands canaux et de grands chemins de fer , peuvent être livrés par voie de concession à des particuliers.

C'est de l'Angleterre surtout que nous prenons l'exemple d'appliquer des compagnies concessionnaires aux travaux publics.

Ceux de nos grandes routes, ceux de nos rivières et de nos ports , et ceux de beaucoup de nos canaux , se font cependant par les soins du gouvernement et de l'administration , opérant avec le corps des ingénieurs des ponts et chaussées. Mais plusieurs de nos canaux , et tous nos chemins de fer jusqu'à présent , ont été faits par voie de concession. Ce moyen d'opérer est même tellement en faveur depuis une vingtaine d'années , que, dès qu'il est question d'un nouvel ouvrage , les personnes qui souhaitent qu'on l'exécute se demandent s'il se présentera une compagnie pour en faire l'entreprise. On se figure que sans le secours des compagnies il faudrait se résigner à être pour toujours privé de cet ouvrage.

C'est ainsi que nous sommes poussés à imiter l'Angleterre, sans oser, en quelque sorte , nous demander où cette imitation doit nous conduire.

On a dit , en faveur du système de nos voisins , que les routes anglaises étaient bonnes et que les nôtres ne l'étaient pas , d'où quelques personnes ont cru pouvoir conclure que nous ne saurions mieux faire que de livrer tous nos travaux publics aux capitalistes disposés à s'en charger en créant des compagnies. C'est sur la foi de cette conclusion que nous marchons.

Mais , avant de la tirer , ne fallait-il pas examiner du

moins si les circonstances ont toujours été les mêmes dans les deux pays ?

En Angleterre, on jouit depuis longtemps d'une si grande prospérité commerciale, que les Anglais ont pu améliorer sans cesse, même pendant la guerre, leurs voies de communication.

En France, nos routes étaient, en général, fort mauvaises dans le temps de la corvée. Lorsqu'elle fut abolie, le trésor obéré ne permettait pas de les perfectionner. Sous la convention, il fallait vaincre les nations coalisées contre nous. Sous le directoire, sous le consulat, sous l'empire, on faisait beaucoup de constructions neuves, on employait une grande partie de nos ressources au dehors, et l'on ne pouvait donner que peu de fonds pour les entretiens. On s'est donc trouvé, à l'époque de la restauration, avec des routes qu'on n'avait jamais pu mettre en bon état.

C'est alors que le système anglais a pris faveur, non pas seulement à cause de ce qu'il pouvait présenter de bon, mais aussi, on n'en peut pas douter, parce qu'il était le seul qui permît aux personnes les moins spéciales de spéculer un peu largement sur les opérations relatives aux travaux publics. Des doutes vinrent donc sur la nécessité d'avoir un corps d'ingénieurs des ponts et chaussées, et par provision on ne vota pour les routes royales que des allocations dont le montant, de l'aveu de tout le monde, paraissait insuffisant. Ce n'était même qu'à regret que l'on confiait l'emploi de ces allocations au gouvernement, et l'administration semblait elle-même proclamer son impuissance en exagérant le mauvais état de nos routes et l'énormité des capitaux que nécessitait leur réparation.

Mais il arriva qu'avec ces fonds si modiques elles devinrent meilleures.

C'était, par comparaison avec ce qui se voit chez nos voisins, un résultat bien surprenant. En effet, les routes françaises présentent des chaussées étroites, usées continuellement sur les mêmes points; notre climat leur est fort désavantageux et elles sont très-fréquentées; tandis qu'en Angleterre on a été dans l'origine assez riche pour faire des chaussées larges; les alternatives de temps sec et de temps pluvieux, de froid et de chaud, sont moins nuisibles que chez nous à leur bon état, et, de plus, elles n'ont à desservir que des transports, d'une part peu écrasants, et d'autre part peu considérables.

L'administration a dû reprendre courage, et beaucoup de nos routes sont actuellement aussi bonnes et en quelques endroits meilleures qu'au delà du détroit, bien qu'elles ne nous coûtent souvent en entretien que le vingtième de ce qu'elles coûtent à nos voisins dans les mêmes circonstances.

Le système anglais, par ces raisons, perd un peu du crédit qu'il avait acquis chez nous. On était tenté de croire, il y a dix ans, que les routes anglaises étant tortueuses, irrégulières dans leur largeur, et non plantées, une route dans une plaine en France ne pouvait pas être bonne si elle était droite, régulière et plantée.

De même, les canaux d'Angleterre étant mal faits, grossièrement entretenus, et ne permettant que des transports par eau d'une grande cherté, on disait que nous faisions les nôtres trop bien, et que nous les entretenions avec trop de soin. On aurait presque dit que notre navigation s'opérait à trop bon marché.

Mais, ne le disait-on pas bien réellement, quand on proposait d'établir des péages sur nos routes, afin que les transports, se portant sur les voies navigables, les canaux offrissent aux compagnies des bénéfices assez forts pour qu'elles se chargeassent d'en entreprendre les travaux ?

Il faut en convenir, notre situation, par ses antécédents, est toute différente de celle de nos voisins, et l'on est forcé de reconnaître qu'il n'est nullement prouvé que ce qui, en fait de travaux publics, a réussi en Angleterre, doive réussir en France.

Et si l'on se donne la peine d'examiner bien toutes les branches des services divers qui se rattachent aux travaux des ponts et chaussées, ainsi qu'on va tâcher de le faire dans cet écrit, on sera conduit à cette conclusion, que ce n'est pas à nous d'imiter le système anglais, et que ce sont les Anglais, au contraire, qui seront forcés un jour d'adopter le système français (*).

En effet, comme nous l'avons déjà dit dans cet avant-propos, plus la civilisation sera avancée et moins on créera de ces intérêts individuels qui luttent avec l'intérêt social, le fatiguent, l'énervent et s'opposent au progrès. Donc, par cela seul que les compagnies concessionnaires opèrent selon le principe de l'intérêt particulier, intérêt qui chez elles est souvent diamétralement opposé à l'intérêt social,

---

(*) On peut dire que cette époque est bien éloignée, et il serait facile d'en assigner beaucoup de raisons; mais, quelque éloignée qu'elle puisse être, le système anglais n'en est pas moins vicieux.

ces compagnies sont destinées à disparaître comme ont disparu l'esclavage et la féodalité (*).

C'est une vérité qu'il était essentiel d'établir. Nous pourrions la démontrer d'une autre manière, tout à fait indépendante de celle qui précède ; mais cela nous jetterait trop loin de notre sujet (**).

Cette grande vérité s'accorde naturellement avec les idées de progrès les plus satisfaisantes.

Ainsi, dans le système des compagnies concessionnaires, on voit les ingénieurs se cacher les procédés qu'ils inventent, les théories qu'ils appliquent, les découvertes qu'ils font ; parce que le bien public est placé chez eux bien loin après les préoccupations que leur donne le désir de faire fortune. Mais dans le système opposé, celui des grands travaux dirigés et exécutés par une administration et un corps des ponts et chaussées, il en est tout autrement. Toutes les idées utiles, dès leur naissance, circulent au profit du monde entier ; elles se répandent, elles se perfectionnent ; leur

(*) On peut dire que les concessionnaires sont à l'administration, ce que les *condottieri* d'autrefois sont aux armées actuelles. Les concessionnaires ont pour objet de gagner de l'argent, ce qui était aussi le but des *condottieri* ; on a renoncé à l'emploi de ces derniers, parce que ce but était en opposition avec le dévouement qu'ils promettaient ; on renoncera par le même motif, du moins pour les grands travaux, à l'emploi des concessionnaires.

(**) Il y aurait même un troisième moyen de démonstration. Il consisterait à bien examiner le rouage de la législation anglaise, à constater ses inconvénients, et à discuter les mesures propres à le perfectionner. On arriverait par ce moyen à constituer d'abord une commission permanente d'ingénieurs salariés par l'État, qui, n'étant attachés à aucune compagnie, n'auraient aucun ménagement à garder envers les spéculateurs ; avec cette commission le parlement serait éclairé plus promptement, plus sûrement, plus complétement qu'il ne peut l'être avec l'unique secours des enquêtes, et on la verrait, à mesure qu'on remédierait à plus de vices du système anglais, devenir un corps d'ingénieurs attaché au gouvernement.

propagation rapproche les individus, rapproche les peuples, et la civilisation avance avec rapidité.

Il est honorable pour la France d'avoir presque toujours marché dans cette voie.

Notre gouvernement, à toutes les époques, même sous la restauration, alors que les concessions étaient le plus en faveur, a continuellement compris les questions de transport dans l'esprit de l'intérêt social ; et ce n'est qu'avec répugnance, dans un but souvent louable, et dans des cas rares, qu'il a cédé aux obsessions de l'intérêt particulier, pour admettre des concessions qui grevaient le commerce de péages onéreux.

Les grands travaux que réclame l'époque actuelle doivent faire désirer que le corps des ponts et chaussées mérite et reprenne une grande influence.

On dira sans doute que ce corps ne laisse rien à faire à l'industrie particulière. Cela ne serait pas tout à fait exact, puisque les ouvrages des ponts et chaussées se font par entreprises, quelquefois très-lucratives, livrées par voie d'adjudication aux personnes qui se sentent la capacité nécessaire pour s'en charger.

Mais, dira-t-on, la direction de ces travaux et leur surveillance appartiennent exclusivement aux ingénieurs des ponts et chaussées. C'est vrai ; mais, encore une fois, il faut reconnaître que, dans l'intérêt de l'État, leur service ne peut pas plus s'adjuger au rabais que le commandement de nos armées et de nos flottes, la construction de nos vaisseaux, l'entretien de nos fortifications et la direction de notre artillerie.

On dira encore que les ingénieurs sont ennemis des compagnies et qu'ils repoussent quelquefois des projets de concession qui seraient utiles au pays. L'assertion contraire serait, nous le croyons, plus facile à justifier : nous admettrons toutefois que les deux systèmes étant en état de guerre, il est tout à fait possible qu'il en résulte ou qu'il en puisse résulter beaucoup d'injustices. La question alors sera de sortir de ce funeste état de choses.

Or, pour cela, il n'y a qu'un moyen, c'est d'approfondir toutes les questions qui touchent à la législation des travaux publics, de manière à mettre la vérité en évidence, afin que l'intérêt particulier ne puisse plus exploiter l'erreur.

Tel est le but que nous nous proposons.

Déjà, en 1829, nous avons publié deux brochures sur ce sujet. Plusieurs de nos propositions paraissent avoir été goûtées (*), et l'aliénation des canaux, dont il s'agissait alors, et que nous avons combattue, n'a point eu lieu. Nous croyons donc que ces deux brochures ont été de quelque utilité. Les devoirs de notre état nous ayant mis à même de continuer nos recherches, nous sommes arrivés à de nouveaux résultats, et nous livrons à la publicité ceux qui, d'une part, nous semblent peu contestables, et qui, d'autre part, sont d'une utilité qui paraît opportune.

(*) *Voyez* la note de la page 155.

DES VOIES
DE COMMUNICATION,

CONSIDÉRÉES

SOUS LE POINT DE VUE DE L'INTÉRÊT PUBLIC.

———

CHAPITRE PREMIER.

DES PÉAGES.

———

§ 1ᵉʳ. *Des tarifs de péage considérés dans l'intérêt des compagnies.*

UNE compagnie ayant employé un capital à l'exécution d'un ouvrage public, comme un canal, l'objet du tarif est de créer un produit annuel au moyen duquel la compagnie soit peu à peu remboursée de ses avances et payée de ses peines.

Or, le canal exécuté devant donner de l'économie sur les transports, il permet de livrer chaque marchandise à la consommation pour un certain prix, et la différence de ce prix et de celui que l'acheteur payait auparavant se partage entre la compagnie, le producteur et le consommateur.

Si le droit à mettre sur chaque chose était trop élevé, la recette en serait affaiblie, parce qu'il se ferait peu de transports. S'il était trop faible on aurait aussi de faibles recettes, bien que les transports fussent considérables. Il y a donc un droit moyen qui donne le maximum de produit.

Ce droit est celui qu'on cherche à déterminer pour l'insérer dans le tarif. Si c'est la compagnie qui opère, il est en effet tout naturel qu'elle soit guidée par son intérêt, et si c'est l'administration des ponts et chaussées, elle tâche d'établir le droit qui permet de raccourcir le plus possible la durée de la concession.

§ 2. *Des tarifs considérés dans l'intérêt du fisc.*

D'ordinaire les gouvernements, pour les ouvrages qu'ils exécutent eux-mêmes, font le calcul étroit que ferait une compagnie; mais c'est une erreur de fiscalité.

En effet, les recettes particulières d'un ouvrage public, comme un canal, ne sont pas les seules sources par lesquelles ce canal fait arriver des revenus au trésor. En fécondant le pays il augmente les contributions mobilières, des portes et fenêtres et des patentes; il augmente les recettes de l'enregistrement, du timbre, des hypothèques, des passe-ports, des ports d'armes, des frais de greffe, des amendes, des douanes, des boissons, des sels, des voitures publiques, des licences, des tabacs, des octrois, des poudres, des lettres, des monnaies, des poids et mesures, de l'université, etc., etc. Donc la question pour le gouvernement est d'abaisser les droits de façon à développer la richesse nationale, de telle sorte que la recette du canal, augmentée pour les impôts précédents de l'accroissement dû à ce canal, soit un maximum.

Or, ainsi qu'on le verra plus loin (§ 23), la recette du canal peut être petite par rapport à l'accroissement dont il s'agit, d'où il suit que, dans le but purement fiscal d'obte-

nir pour le trésor le maximum de revenu, l'objet important c'est de féconder le pays. Il s'ensuit évidemment que
le tarif qui donne à l'état le plus grand avantage, est
plus faible que celui qui donne le plus grand avantage
à une compagnie.

Nous conclurons de là que si, avec un certain tarif, une
compagnie peut rentrer en 99 ans dans le capital avancé,
le gouvernement, avec un tarif moindre, y rentre plus
promptement, comme en 10, 15 ou 20 ans, ce qui permet d'arriver dans un petit laps de temps à l'époque où le
transport peut n'être plus grevé que de droits modérés.

§ 3. *Des tarifs considérés dans l'intérêt du pays.*

Le paragraphe qui précède nous montre une manière
d'envisager les tarifs à établir par le gouvernement, sur
les voies de communication dont l'état est propriétaire,
beaucoup plus large que celle qu'on applique. Cependant,
pour les communications d'une utilité de premier ordre,
c'est encore une combinaison trop étroite dans l'intérêt du
pays.

En effet, le royaume étant fort étendu, et les départements qui le composent offrant des produits naturels et ar-
tificiels très-différents les uns des autres, comme le charbon, le vin, le sel, le fer, le poisson, etc., chaque
localité, en général, est obligée de faire venir des autres
localités un grand nombre des objets de sa consommation;
donc un de nos principaux besoins est d'avoir des transports libres, faciles, rapides et à bas prix.

C'est sur nos routes que ces avantages sont le moins res-
treints par les tarifs, et notre dépense annuelle en transports par terre étant estimée à plus de 465 millions de
francs (*), il est évidemment bien essentiel qu'un objet

____

(*) *Considérations sur la police du roulage*; par M. Navier, page 137.

d'utilité publique si générale et d'un si haut intérêt soit entièrement débarrassé d'entraves et de fiscalités.

Et si les routes, qui sont les voies de communication les moins avantageuses au bas prix des transports, se trouvent exemptes de péages, ne sera-t-il pas singulier d'en mettre sur les grands chemins de fer et sur les canaux de premier ordre appartenant à l'état? Ce serait imposer au public l'obligation absurde d'employer de préférence l'instrument le plus cher et avec lequel on produit le moins.

Il suit de là que pour la prospérité du pays, *il faut que les transports, sur les voies de communication de premier ordre, soient en général affranchis de péages.* C'est un principe que la suite de cet ouvrage va mettre de plus en plus en évidence. Nous allons voir ce qui doit en limiter l'application.

§ 4. *Des tarifs transitoires.*

Il y a toutefois une grande exception à faire à la conclusion du paragraphe qui précède, c'est relativement aux premières années de service d'une voie nouvelle.

Dans ces premières années, le commerce éprouve une perturbation considérable; les denrées qui se consommaient dans tel pays, se portent vers tel autre; les minéraux qui restaient enfouis dans la terre en sont extraits pour être conduits sur des localités qui quelquefois en étaient presque entièrement privées; des industries nouvelles viennent s'implanter et prospérer dans des lieux d'où elles semblaient à jamais bannies, et les moyens de transport qui existaient se trouvent remplacés par d'autres tout différents. Or, une telle perturbation pourrait avoir de grands inconvénients; il est donc nécessaire de ménager la transition, et c'est ce qu'on peut faire au moyen des péages.

Dans ce but, et non pas pour avoir un produit, on peut

appliquer un tarif à la nouvelle voie, et ce tarif, que nous nommons *tarif transitoire*, et qui sera nécessairement décroissant à mesure que toutes les industries se modifieront pour profiter du nouvel état de choses, ce tarif, disons-nous, devra s'éteindre par exemple en dix ans à raison d'un dixième par an.

Par ce moyen, l'établissement d'un chemin de fer ou d'un canal, en attirant à lui les transports qui se faisaient par terre, ne ruinera ni les aubergistes, ni les charrons, ni les maréchaux, etc. Les plus intelligents d'entre eux se porteront peu à peu sur les lieux où ils seront appelés par une nouvelle activité commerciale; les autres resteront où ils étaient pour exploiter leur industrie avec moins de concurrence, et le bien s'opérera, le progrès se fera jour, l'avantage que la société en définitive devra éprouver se répartira entre tous les citoyens; sans secousse nuisible et sans que le mal de quelques-uns contraste avec le bien général.

Et l'on remarquera que si le tarif adopté se trouve mal fait, comme c'est probable (§ 5), ses défauts devant disparaître graduellement en dix ans n'amèneront jamais d'inconvénients bien graves.

Telle nous paraît devoir être la marche rationnelle des choses dans tout pays dont la civilisation sera un peu avancée et où l'on respectera l'une des choses les plus respectables du monde, c'est-à-dire le bien-être qui repose sur la sécurité de toutes les industries occupées librement à faire subsister la société.

§ 5. *Difficultés que présente la confection d'un tarif.*

Pour faire un tarif qui fût satisfaisant au moment de le mettre en exercice, il faudrait que l'on connût :

1° Toutes les espèces de marchandises à transporter, afin de n'en omettre aucune dans la taxation ;

2° Pour chaque espèce de marchandise, les quantités plus ou moins grandes de transports , selon les valeurs plus ou moins fortes des droits , ce qui permettrait de trouver le chiffre qui donnerait pour chacune le maximun de produit ;

3° Les marchandises à tarifer à la pièce , au poids ou au volume, de façon à opérer la perception simplement, promptement et sans que les fraudes fussent faciles ;

4° Les cas où un chargement étant composé de beaucoup d'objets il convient d'établir le droit sur l'ensemble , afin d'éviter les longueurs d'un inventaire (*) ;

5° Les cas où les voitures et les bateaux font des voyages à des époques et à des distances si variables qu'il faut se borner à prélever un droit annuel comme on le fait pour les diligences.

Et pour que le tarif rédigé d'après ces bases pût être appliqué pendant un long temps, 99 ans par exemple , il faudrait connaître encore :

6° Les variantes qui devraient survenir dans la consommation , afin de charger moins les objets dont le transport devrait diminuer , et de charger plus ceux dont le transport tendrait à s'accroître ;

7° Les circonstances politiques et commerciales destinées à influer sur la prospérité du pays ;

8° Les progrès qui pourraient faire découvrir de meilleures voies de communication , ou de nouveaux moyens de traction propres à faire abandonner en tout ou en partie les lignes primitivement fréquentées.

Il faut conclure de là , premièrement, qu'un tarif est rarement un peu passablement bien fait, même pour l'époque où l'on commence à l'appliquer; secondement,

---

(*) Pour la navigation, le droit, dans de tels cas, se perçoit d'après la capacité des bateaux, ou d'après leur chargement réel , qui se mesure d'ordinaire par l'enfoncement, ou suivant la dénomination des bateaux, laquelle indique à peu près leurs dimensions, ou suivant leurs longueurs , ou enfin par une taxe annuelle.

qu'au bout d'un certain temps il est quelquefois totalement
à refaire ; troisièmement, qu'il devient quelquefois absurde ;
quatrièmement, que pour en tirer parti, malgré ses imperfections, on est jeté forcément dans des contestations difficiles, où le soupçon de fraude, provoqué souvent par les
défauts du tarif, engendre la corruption.

Si l'on prend la peine d'ouvrir le 2ᵉ volume du *Diction-
daire hydrographique de M. Ravinet*, on verra que nos
tarifs sont un véritable chaos de chiffres et de règles de
perception. La citation de quelques faits, relatifs à diverses
voies de communication, va achever de jeter du jour sur
l'état actuel des choses en ce qui concerne les tarifs.

§ 6. *Sur le tarif du canal du Centre.*

Les droits que l'on perçoit sur le canal du Centre sont
trop élevés pour permettre le transport du blé.

Les deux tiers des revenus de ce canal proviennent du
transport des vins (*). Le transport par terre, qui est toujours le plus rapide, est souvent à plus bas prix que le
transport par eau ; alors les transports de vin cessent de
se faire par eau.

Le vin du Beaujolais, si les droits étaient plus modérés,
viendrait par la Saône et par le canal du Centre gagner la
Loire ; mais comme ils sont trop élevés, on le mène par
terre au port de Pouilly, au dessus de Digoin.

L'établissement du Creusot est situé tout près du canal
du Centre ; mais le droit sur le fer ouvré étant trop considérable, les produits de cet établissement sont menés aux
deux extrémités du canal, à dix et quinze lieues de distance par des routes difficiles, pour qu'ils soient à Châlons
et à Digoin embarqués sur la Saône et sur la Loire où
les droits sont moins élevés.

(*) Ce paragraphe a été rédigé en 1833.

Le tarif, pour beaucoup de denrées coloniales, pour le transport des marbres, etc., interdit absolument la voie du canal au commerce.

On trouvera d'autres renseignements plus loin (§ 9 et § 10).

§ 7. Sur le tarif du canal d'Aire à la Bassée.

Ce canal a été concédé à une compagnie par la loi du 14 août 1822, pour 87 ans et 11 mois.

Par la même loi, l'état fait des emprunts pour les canaux de Bourgogne, de Bretagne, d'Arles à Bouc, du Nivernais, de Berry, et pour le canal latéral à la Loire. Quel tarif a-t-on adopté pour ces canaux? Celui du canal d'Aire à la Bassée.

Mais, dira-t-on, est-ce que la Flandre, dans le trajet d'Aire à la Bassée, est juste dans les mêmes conditions commerciales que la Bourgogne, la Bretagne, la Provence, le Nivernais et le Berry? Non, sans doute, et ce seul exemple doit montrer que dans l'impossibilité où l'on est de faire un bon tarif pour une localité donnée, on applique à cette localité le premier tarif que l'on rencontre.

Et ce qui doit être remarqué, en ce qui concerne celui qui nous occupe, lequel s'applique toujours aux canaux de Bretagne, de Bouc à Arles, etc., c'est que ce tarif, qui semblait devoir convenir plus spécialement au canal d'Aire à la Bassée, n'est déjà plus le tarif de ce canal; car la loi du 29 juillet 1829 l'a remplacé par un nouveau tarif, qui ne contient que deux prix, au lieu de douze que contenait l'ancien.

Il faut remarquer encore que cette loi n'a pas seulement changé le tarif du canal d'Aire à la Bassée; elle a changé la concession faite pour un temps limité, et qui devait encore durer environ 80 ans, en une concession perpétuelle.

§ 8. *Sur les tarifs des voies de communication de la ligne de Lyon à Saint-Etienne.*

En 1829 le canal de Givors, qui est sur cette ligne et qui a coûté six millions, rapportait 850 mille francs par an (*). On avait, en 1761, fixé le droit de péage de la compagnie. En 1779 on le doubla pour que les travaux fussent repris; mais, jusqu'en 1831, on n'avait perçu que le droit simple. Depuis, les prétentions de la compagnie au double droit excitèrent de vives réclamations.

En dépensant 15 millions pour exécuter le chemin de fer de Lyon à Saint-Étienne, on a amené la compagnie du canal de Givors à réduire son tarif.

D'après l'adjudication du chemin de fer le droit a été fixé pour ce chemin, en vertu de l'ordonnance du 7 juin 1826, à o fr. 98 par 1,000 kil. de marchandises et par myriamètre. La concession est perpétuelle.

Une ordonnance du 16 septembre 1831 a porté ce droit à 1 fr. 10 c. pour la remonte de Givors à Rive-de-Gier, et à 1 fr. 30 c. pour la remonte de Rive-de-Gier à Saint-Etienne, jusqu'en 1841. Ainsi, avant l'achèvement du chemin de fer, on a augmenté le tarif qui avait été déterminé par le rabais de la compagnie.

Une autre circonstance remarquable s'est présentée pour ce chemin de fer. On n'avait pas prévu qu'il servirait à transporter des voyageurs, ni par conséquent qu'il fallût fixer un droit particulier pour ce genre de transport. Ce droit, qui est un des chiffres d'après lesquels s'opère le payement du travail et des avances de la compagnie, n'a été jusqu'à présent l'objet d'aucun article de loi ou d'ordonnance.

(*) *Histoire de la navigation*; par M. Dutens, t. Ier, page 100.

§ 9. *Sur les tarifs des deux lignes navigables de Paris
à Lyon, par Briare et par Dijon.*

La ligne de Paris à Lyon, par Briare, est navigable depuis
quarante ans. On la perfectionne au moyen du canal latéral
à la Loire, qui s'exécute en vertu de la loi du 14 août 1822.

La ligne de Paris à Lyon, par Dijon, n'a été livrée au
public sur toute sa longueur qu'à la fin de 1832, époque où les principaux travaux du canal de Bourgogne,
dont l'achèvement a été décidé par la loi précitée de 1822,
ont été terminés.

Cette loi soumet les deux canaux dont il s'agit au tarif
du canal d'Aire à la Bassée (§ 7).

Jusqu'à l'hiver de 1832 à 1833, le canal de Bourgogne a
été soumis à un autre tarif. Pour le vin, denrée la plus im-
portante dans la localité, le droit était, par 100 litres et
par 5000 mètres parcourus, de 0 fr. 052.

Ce droit, d'après l'ordonnance du 18 janvier 1826, a
dû s'étendre successivement à toute la longueur du canal,
à mesure que ses diverses parties devenaient navigables.
Dans l'hiver de 1832 à 1833, on a navigué de Pont-de-
Pany à Montbard, sur les 22 lieues de longueur environ
terminées les dernières, sans que cette condition fût satis-
faite. Ce serait tout naturel, si à la même époque on
avait établi le droit de 0 fr. 40 fixé par le tarif du canal
d'Aire à la Bassée, et huit fois aussi considérable que le
droit dont il s'agit dans l'ordonnance de 1826 ; mais on n'a
perçu aucun droit sur ces 22 lieues.

Il est résulté de là que la navigation par la ligne de
Dijon s'est trouvée si fortement favorisée au préjudice
de l'ancienne ligne, que des établissements de commerce
se sont immédiatement portés de la ligne de Briare (la plus
ancienne) à la ligne de Dijon.

Des plaintes s'étant élevées, le tarif du canal d'Aire

à la Bassée a été appliqué au canal de Bourgogne, ce qui a dû rendre un peu de son activité à l'ancienne ligne, laquelle pourtant aurait besoin, comme on va le voir dans le paragraphe qui suit, d'un abaissement considérable de droits pour soutenir la concurrence.

Mais ce n'est pas un abaissement de droits sur cette ligne, tout au contraire, qui doit résulter de l'exécution de la loi de 1822. En effet, d'après cette loi, le canal latéral étant soumis au tarif d'Aire à la Bassée, les vins qui suivront ce canal payeront le droit de 0 fr. 40, tandis que celui qu'on paye sur la Loire est beaucoup moindre. Or, déjà cette ligne soutient difficilement la concurrence avec le roulage (§ 6); si donc les bateaux devaient absolument suivre le canal latéral, et ne pas lui préférer la Loire, la conséquence qui en résulterait, c'est que pas un bateau de vin ne suivrait cette ligne, et que le canal latéral, au lieu de donner un produit, amoindrirait des deux tiers les recettes du canal du Centre, c'est-à-dire que le canal latéral donnerait en définitive un produit négatif.

Et ces inconvénients manifestes ne se font pas remarquer seulement en ce qui concerne les vins. Cependant ç'a été inutilement, jusqu'à ce jour, que l'abaissement des droits a été réclamé.

§ 10. *État des choses sur les lignes navigables de Paris à Lyon, par Briare et par Dijon.*

L'ancienne ligne par Briare (*) présentera de Saint-Mamert près Melun jusqu'à Châlons-sur-Saône, après l'exécution du canal latéral, une navigation tout en canaux aussi facile pour la remonte que pour la descente, et la plus belle qui soit en France. Cette ligne est plus courte

(*) Voyez le § 26.

de quatre lieues que celle de Dijon, et elle a treize écluses de moins (*); c'est donc celle qui dessert le mieux les besoins du pays, et qui, dans l'intérêt général, devrait être la plus favorisée par les tarifs.

Il en est tout autrement; car à présent les vins qui s'embarquent à Santenay sur le canal du Centre, au lieu de suivre ce canal pour venir à Paris, rétrogradent à l'opposé de Paris, passent 20 écluses et font six lieues pour arriver à Châlons-sur-Saône, où ils prennent la ligne du canal de Bourgogne. C'est-à-dire que les tarifs sont tels que ces bateaux trouvent un notable avantage à faire dix lieues de plus et à traverser trente-trois écluses de plus, pour éviter l'ancienne ligne et prendre la nouvelle, bien que celle-ci comprenne une portion de la Saône qu'il faut remonter et qui est d'un parcours très-pénible.

§ 11. *Des difficultés qui s'opposeront toujours, plus ou moins, dans le système des compagnies, à l'amélioration des tarifs sur les lignes navigables de Paris à Lyon, par Briare et par Dijon.*

On se tromperait beaucoup si l'on supposait que le gouvernement ne cherche point à réformer des abus comme ceux que nous venons de signaler. On ne se tromperait pas moins si l'on supposait que les compagnies du canal de Briare et du canal de Loing sont assez insouciantes pour ne pas réclamer contre des tarifs nuisibles tout à la fois à elles et au commerce. Mais les concessions, en individualisant de grands intérêts publics, créent, comme nous l'avons dit dans l'avant-propos, des résistances au bien général souvent très-fortes et quelquefois invincibles. C'est ce dont on

(*) Nous ne connaissons pas assez bien le projet qui s'exécute à Combleu, en amont de Briare, pour être assurés de ne pas nous tromper ici, en plus ou en moins, d'une ou de deux écluses.

va juger par les questions suivantes que soulève naturellement la matière des précédents paragraphes.

Première question. — Pourquoi l'ancienne ligne par Briare (§ 9) se trouve-t-elle privée d'avantages qui passent à la ligne de Dijon, tandis qu'un abaissement convenable de droits sur la première ligne aurait prévenu cette injustice ?

Pour s'expliquer ce fait, on se dira sans doute que l'abaissement du tarif du canal de Givors (§ 8) n'ayant pu être obtenu que par l'exécution du chemin de fer de Saint-Étienne, le canal de Bourgogne, de même que ce chemin, est une voie rivale qui doit forcer le canal de Briare et le canal de Loing à modérer leurs tarifs, et qu'en conséquence il est raisonnable de donner l'avantage à la nouvelle ligne. Cette explication peut être bonne ; mais elle suppose nécessairement que pour obtenir l'abaissement des droits sur les petits canaux de Loing et de Briare, il a fallu dépenser 49 millions que coûte le canal de Bourgogne (*), et de plus elle suppose que cette énorme dépense manque d'efficacité sous ce rapport, puisqu'elle est aujourd'hui faite, et qu'elle n'a pas encore amené le résultat cherché. C'est ce qu'il est bon de remarquer en passant.

Deuxième question.—Admettons qu'il n'y ait pas d'opposition de la part des propriétaires des canaux de Loing et de Briare à la réduction des droits sur ces canaux ; admettons que le canal latéral, dont la navigation avec le tarif du canal d'Aire à la Bassée sera plus désavantageuse que la navigation actuelle (§ 9), empêche, quand il sera livré au public, que la Loire soit aussi bien entretenue qu'à présent ; *pourquoi, par l'abaissement du tarif à imposer au canal latéral ne va-t-on pas au devant d'un mal qui menace le pays ?*

Troisième question. — Comment l'intérêt particulier, si

______
(*) Voyez le § 20.

agissant, et si utilement agissant dit-on, ne parvient-il pas à faire opérer cette réduction ?

C'est qu'apparemment, pour l'opérer, il y a des difficultés à vaincre.

Et l'on remarquera qu'en effet l'embarras doit être fort grand, car les propriétaires des canaux de Loing et de Briare ne sont pas les seuls intéressés. Quatre autres intérêts, qu'il faudrait satisfaire équitablement, viennent s'ajouter aux leurs : 1° celui de la compagnie qui a fourni douze millions au canal latéral, laquelle pouvant avoir, aux termes de la loi (§ 64), une certaine part des recettes, a émis des actions de jouissance dont la valeur se lie à l'activité de la navigation ; 2° celui des bateliers de Blanzy, Digoin, Nevers, Briare, etc., et des commerçants de la ligne de Briare ; 3° celui des propriétaires du Charollais, du Bourbonnais, du Nivernais, du Berry, de l'Orléanais ; 4° celui du trésor, à cause du canal du Centre, à cause du canal latéral, à cause des rivières de Seine, de Saône, etc., qui produiraient plus si la ligne la plus courte, et qui présente le moins d'écluses, ne devenait la pire à cause des tarifs.

Quatrième question. — Comment ces quatre intérêts, joints à ceux des canaux de Loing et de Briare, n'ont-ils pu obtenir encore aucune diminution de droits ?

On pensera peut-être que ces intérêts se sont tus ; on serait dans l'erreur.

Mais cet état de choses si singulier s'explique suffisamment. Le canal de Briare tirant toutes ses provenances de Briare, tandis que le canal de Loing transporte toutes les marchandises que conduit le canal de Briare, et de plus toutes celles que conduit le canal d'Orléans, ces deux canaux ont des intérêts qui sont bien loin d'être pareils. Les porteurs d'actions de jouissance du canal latéral ont un intérêt qui est encore d'une autre espèce, créée bien malheureusement et très-embarrassante (§ 64). Il est donc tout naturel que cette anarchie d'intérêts arrête toute amélioration.

Aux obstacles précédents, il faut d'ailleurs ajouter d'autres intérêts particuliers, comme ceux des bailleurs de fonds du canal de Bourgogne et du canal de la Saône au Rhin.

Il n'en faut sans doute pas davantage pour qu'il soit bien prouvé que, en ce qui concerne les tarifs, il est de toute impossibilité de tenir la balance égale entre les lignes de Briare et de Dijon, autrement qu'en supprimant ces tarifs.

Nous n'avons rien dit du canal du Nivernais ; il complique encore la difficulté d'être équitable avec des tarifs entre trois lignes rivales.

§ 12. *Difficultés commerciales résultant des péages.*

Un négociant qui connaît la valeur d'une marchandise à Paris ou à Rouen, par exemple, juge tout de suite de ce qu'elle coûtera transportée par terre à Lyon, à Saint-Quentin ou à tout autre endroit, parce que le roulage n'étant assujetti à aucun tarif, le transport est d'un prix à peu près proportionnel à la distance à parcourir.

Et l'on remarquera que le commerce repousse tout contact avec les opérations qui ne lui présentent pas cette simplicité de calcul.

Or, c'est en grande partie ce qui fait, à l'insu de tout le monde, que notre navigation intérieure n'opère qu'un neuvième environ de nos transports (*). Figurons-nous, en effet, que de Dunkerque au bassin de l'Arsenal à Paris, par exemple, on change à peu près seize fois de tarifs et de règlements de perception, et nous sentirons que le grand commerce doit fuir tous les embarras, toutes les difficultés qui résulteraient nécessairement pour lui de l'emploi de la navigation.

Pour qu'on ait une idée de ces difficultés, occupons-nous

(*) *Considérations sur la police du roulage;* par M. Navier, page 137.

un moment du calcul des droits à payer pour un convoi de
4 ou 500 tonneaux de marchandises diverses à envoyer à
100 ou 200 lieues. Pour trouver le montant de ces droits,
on devra, 1° chercher dans le Dictionnaire hydrographique
de M. Ravinet les tarifs établis avant 1829, époque de la
publication de ce dictionnaire ; 2° chercher dans le Bulletin
des lois les tarifs établis depuis 1829 ; 3° calculer les poids
des denrées qui sont tarifées au volume, et les volumes de
celles qui sont tarifées au poids ; 4° deviner à quelles sub-
stances, cotées sur ces mêmes tarifs, il faut assimiler celles
qui n'y sont pas cotées ; 5° apprécier le tirant d'eau à vide
des bateaux qui devront payer selon l'enfoncement ; 6° connaître le tonnage des bateaux d'après leurs noms, quand
ces noms servent à fixer les droits, etc., etc. Or, il y a
très-peu d'hommes capables de faire un tel travail, et nous
pouvons dire que la difficulté de s'en bien acquitter est si
grande que, pour un même bureau de perception sur le
canal du Centre, il y aurait très-rarement accord dans les
calculs de deux receveurs fort instruits qui opéreraient en
même temps sans se communiquer leurs réflexions.

On remarquera d'ailleurs que si les négociants faisaient
quelquefois de tels calculs, un almanach des tarifs serait
nécessairement publié chaque année pour dispenser le cal-
culateur de la difficulté presque insurmontable de consulter
le Dictionnaire hydrographique et le Bulletin des lois. De
ce que cet almanach n'existe pas, il faut conclure que, pour
les spéculations du grand commerce, les voies navigables
sont à peu près comme non avenues.

Ce n'est pas à dire pour cela qu'elles soient sans utilité ;
elles servent puisque, ainsi que nous l'avons dit, on opère
par eau un neuvième de nos transports. On peut dire même
que le canal du Centre a été en certains temps fort utile, et
que le canal du Midi l'est toujours beaucoup (§ 27). Mais il
n'en est pas moins vrai que la navigation n'est employée
que par le petit commerce, et pour des lignes particulières

fréquentées par les mariniers de la localité, lesquels apprennent par l'usage à apprécier tellement quellement les droits de péage établis sur les denrées qu'ils transportent le plus souvent.

On aura quelque peine à croire qu'un tel état de choses existe réellement au milieu de nous. Voici un fait qui justifie ce que nous avançons.

On a construit il y a 7 à 8 ans sur le bord de la Saône, à Châlons, un moulin à vapeur d'une grande force ; c'est une vaste et magnifique usine, due à l'industrie d'hommes du pays, très-capables et parfaitement entendus en affaires commerciales. Eh bien ! pendant les deux années que durèrent leurs travaux, ils projetèrent d'acheter des blés dans le Charolais et de les amener par le canal du Centre et la Saône jusqu'à leur établissement. Dès qu'il fut achevé, ils allèrent en effet près de Charolles faire des achats, et ils vinrent au bureau de Génelard pour acquitter les droits ; mais, à leur grande surprise, ils virent que ces droits rendaient le transport par eau plus cher que par terre. Le receveur lui-même leur dit qu'il était bien constant que le canal du Centre ne pouvait pas, à cause des péages, servir à transporter les blés de Génelard à Châlons.

Concluons de là qu'en creusant des canaux, et en substituant l'obstacle des tarifs à celui des montagnes qui séparaient les bassins de nos rivières, nous n'avons que faiblement favorisé notre commerce.

Concluons de là encore, que si nos chemins de fer, nos routes et nos lignes navigables étaient concédés à des compagnies exécutantes, les marchandises transportées changeraient de tarifs en quelque sorte de relai en relai de poste, comme au temps des coutumes et des justices seigneuriales le voyageur changeait de lois aussi souvent que de chevaux, et que la France, enlacée dans un réseau de fiscalités mal entendues, verrait disparaître les espérances d'amélioration commerciale qu'elle a conçues, et sa prospérité s'arrêter et peut-être même rétrograder.

§ 13. *Des concessions fondées sur des péages, et des inconvénients d'administration qu'elles occasionnent.*

Les paragraphes précédents nous montrent combien les tarifs de péage sont souvent vicieux, variables et impropres même à l'objet que l'on se propose en les établissant.

D'après cela, ne doit-on pas être étonné de voir qu'un tarif soit quelquefois la base d'un contrat comme celui d'une concession de 10, 20, 30 millions?

Un tel contrat a-t-il toujours la moralité qu'on doit souhaiter dans tout ce qui émane immédiatement du gouvernement? Et tous les vices des tarifs ne doivent-ils pas être à chaque instant le prétexte de demandes contraires au bas prix des transports, conséquemment tout-à-fait inquiétantes pour le pays? Et quel dédale que celui qu'il faudrait débrouiller dans l'examen de ces demandes, si tous les travaux publics se faisaient chez nous par voie de concession! Quelle force gouvernementale à user pour repousser les sollicitations des demandeurs!

Admettons cependant que l'administration soit assez forte pour bien défendre les intérêts publics, le commerce n'en serait pas moins frappé dans ses progrès par la législation des péages. Et comme il n'est pas possible que le pouvoir administratif soit fort en présence de compagnies puissantes, on doit reconnaître que si le système des concessions s'étendait beaucoup, on souffrirait tout à la fois du peu de progrès du commerce et de l'affaiblissement de l'administration. Bientôt on serait, par rapport aux compagnies exécutantes, dans un état comparable à celui dont nous tira la nuit du 4 août par l'abolition de la féodalité.

§ 14. *D'une conséquence des péages relative aux compagnies exécutantes.*

Si, comme nous croyons l'avoir prouvé, les voies de communication de premier ordre ne doivent être soumises à des péages que transitoirement et pour un court espace de temps, il s'ensuit qu'on ne doit pas concéder, comme on le fait maintenant, les travaux d'exécution de ces voies à des compagnies.

Et lors même qu'on admettrait que les transports peuvent être assujettis à des péages d'une assez longue durée pour solder aux compagnies leurs avances de fonds et leurs profits, si, comme nous croyons aussi l'avoir prouvé, il en résultait un état d'anarchie qui empêchât le bien public de s'opérer, on devrait en conclure encore qu'il ne faut pas concéder à des compagnies les travaux des voies de communication de premier ordre.

Mais, dira-t-on, quelque grand que soit le mal dont on puisse être atteint par les concessions, il faut de deux maux choisir le moindre et se livrer aux compagnies pour éviter de se livrer à l'administration.

A cela, nous répondrons qu'en admettant les compagnies on se voit encore forcé de se livrer à l'administration pour faire les actes de concession et pour veiller à ce que les conditions qu'ils contiennent soient remplies par les compagnies. Or, l'administration, si elle ne mérite pas la confiance du pays, sera bien plus nuisible à l'état, en faisant mal et en surveillant mal les concessions, qu'elle n'en peut faire en faisant exécuter des travaux adjugés et payés dans les départements. Donc, dans tous les cas, on doit repousser pour les grands travaux les compagnies exécutantes.

Mais autant ces compagnies sont dangereuses, autant seraient utiles des compagnies formées des véritables intéressés et des personnes animées de zèle ou voulant placer des fonds, si ces compagnies n'avaient pas l'entreprise et la jouissance des travaux (§ 74).

CHAPITRE II.

DES REVENUS DES VOIES DE COMMUNICATION.

---

§ 15. *Des revenus, comme mesure de l'utilité des ouvrages publics et particuliers.*

Lorsqu'un fabricant, pour simplifier ses opérations, substitue une machine à une main-d'œuvre, et qu'il parvient à faire le travail ordinaire de son établissement en économisant annuellement 1,000 fr., par exemple, on dit qu'il augmente son revenu de 1,000 fr.; et cette augmentation de revenu exprime l'utilité de sa machine.

C'est à ce mode d'estimation qu'il faut tâcher de ramener l'évaluation de l'avantage des travaux à exécuter, soit que l'on considère cet avantage dans l'intérêt de la société, dans l'intérêt du trésor, ou dans l'intérêt d'une compagnie.

C'est ainsi que Dupont de Nemours soumettait au calcul la comparaison et l'utilité des ouvrages publics à entreprendre.

La question à résoudre, quand il s'agit de la société, du trésor, ou même d'une compagnie, n'est pas toujours aussi simple que dans le cas d'une machine exécutée par un particulier ; toutefois , comme on n'a pas besoin ordinairement d'une exactitude fort grande dans les résultats, on parvient assez facilement , comme on va le voir dans les paragraphes qui suivent, à évaluer numériquement l'avantage obtenu ou à obtenir par l'exécution d'un ouvrage donné d'utilité publique (*).

§ 16. *Des dénominations de* revenu spécial , revenu fiscal *et* revenu territorial *qui vont être employées dans ce chapitre.*

Nous appellerons *revenu spécial* d'un ouvrage public soumis à un péage, la recette annuelle produite par ce péage, c'est-à-dire ce qu'on appelle ordinairement le *revenu brut* du capital employé pour l'exécution de l'ouvrage en question. La dénomination de revenu brut pouvant s'entendre , comme on le verra tout à l'heure, de deux espèces de revenus , nous avons dû recourir aux dénominations nouvelles dont nous donnons ici les définitions.

L'établissement d'un ouvrage public ayant augmenté la richesse nationale , il a dû nécessairement, toute considération de péage mise à part , augmenter la masse des impôts (§ 2). Cette augmentation d'impôts , étrangers au revenu spécial , est ce que nous nommons le *revenu fiscal* de cet ouvrage.

Enfin , nous désignons sous le nom de *revenu territorial*, expression que nous empruntons à un mémoire inédit de M. Favier, l'augmentation annuelle des revenus du territoire français, produite par l'exécution d'un ouvrage public. Il est clair que ce revenu comprendra toujours le revenu spécial , s'il y en a un, c'est-à-dire s'il y a un péage sur l'ouvrage en question , et le revenu fiscal.

(**) Voyez sur cette matière les publications dues à feu M. Brisson, à M. Favier et à M. Courtois, les deux premiers inspecteurs divisionnaires, et le troisième ingénieur au corps des ponts-et-chaussées.

Ces divers revenus seront constamment rapportés au capital qui représente l'exécution.

§ 17. *Du revenu territorial des grandes routes.*

Nos grandes routes, suivant M. Navier (*), servent à des transports d'une valeur annuelle de 465 millions au moins. Pour avoir des calculs simples portons-les à 500 millions.

Cela posé, demandons-nous ce que le roulage donne de valeur à nos denrées par le transport d'un lieu à un autre. Si nous prenons pour exemple le vin d'une qualité qui le mette en Bourgogne à 200 fr., il pourra facilement, après un transport du prix de 15 fr., se vendre à Paris 245 ; il aura donc acquis par le roulage un accroissement de valeur qui sera, net, du double du prix du transport. Or, cet accroissement nous paraît être à peu près une moyenne pour tout le commerce intérieur de la France. Cependant, pour éviter autant que possible le reproche d'exagération, admettons que pour 500 millions de transports annuels, le revenu de la richesse nationale ne soit accru que de pareille somme : on aura 500 millions pour le revenu territorial des routes royales et départementales.

Et comme le capital qui représente l'exécution de ces routes peut être évalué à 3,200,000,000 fr., il s'ensuit que leur revenu territorial s'élève au moins à 16 pour 100 du capital avancé pour les exécuter.

§ 18. *Du revenu spécial du canal du Centre.*

Admettons que le canal du Centre ait été exécuté pour 15 millions, somme qui diffère peu de la dépense qu'il a réellement occasionnée.

La moyenne de ses recettes annuelles, depuis dix ans

(*) *Considérations sur la police du roulage*, page 137.

(ceci a été écrit en 1833), est de 497,000 fr., d'où il suit que son revenu spécial s'élève à 3 p. 100 environ du capital avancé pour l'exécuter.

§ 19. *Du revenu fiscal du canal du Centre.*

Ce canal a fait ouvrir des houillères ; il a permis l'exportation des bois du Charollais ; il a facilité celle des plâtres de Saint-Léger ; il a vivifié le commerce des vins ; il a donné de la valeur à tout le pays qu'il traverse, et il a développé de grandes industries. En 1822, M. Favier, alors ingénieur en chef du département de Saône-et-Loire, a calculé la valeur de ces améliorations, et il a trouvé que le canal du centre avait augmenté le revenu territorial de la France de 5,680,000 fr. Pour ne craindre aucun reproche, et pour partir d'un calcul que chacun puisse vérifier, nous réduirons cette somme à 3 millions, conformément au résultat évalué au § 20. Il s'ensuivra que la valeur territoriale de la France se trouve accrue par l'exécution du canal du Centre d'un capital de 60 millions.

Cela posé, nous remarquerons que le budget ordinaire des recettes de 1832 (ceci a été écrit en 1833) est en nombre rond de . . . . . .   978,00,000 fr.
Retranchons de cette somme l'impôt foncier , l'intérêt des 80 millions de la dette d'Espagne , et le revenu net du canal du Centre (Voyez le budget de 1833), ci, pour ces trois objets ensemble. . . . . , ...   247,000,000
Il restera pour les revenus du trésor, abstraction faite de l'impôt foncier et du revenu net du canal du Centre. . . . .   731,000,000 fr.

Or, la France ayant une valeur territoriale de 50 milliards, ce sont ces 50 milliards qui donnent le revenu de 731 millions, lequel en est environ le 68ᵉ. Donc, pour la partie de ces 731 millions correspondante aux 60 millions de valeur territoriale due au canal du Centre, ce canal verse au trésor, par ses diverses sources étrangères au péage, le 68ᵉ de 60 millions, ou 882,000 fr. , qui font 5 et

9|10 p. 100 du capital d'exécution. C'est-à-dire que le revenu fiscal du canal du Centre est d'environ 6 p. 100.

§. 20. *Du revenu territorial que la France tire du canal du Centre.*

Admettons que le nombre de bateaux qui passent par an sur le canal du Centre soit de 5,000 ; qu'ils portent moyennement 70 tonneaux chacun, et qu'ils parcourent l'un dans l'autre sur le canal, depuis le point où ils prennent leur chargement jusqu'au lieu où ils le déposent, une distance de 15 lieues : ce sera 5,240,000 tonneaux transportés à une lieue.

Par le roulage, le prix de ce transport serait de . . . . .   5,250,000 fr.

Le droit que nous prendrons pour moyenne est celui du vin. Il est de 12 fr. par tonne, pour toute la longueur du canal ; et par lieue de 4 kilomètres, le canal ayant 30 lieues, de 0f,40

Nous porterons le transport sur la même longueur à 8 fr. par jour (*) ; il dure dix jours et coûtera en tout 80 fr. pour 70 tonnes, et pour 30 lieues. C'est par tonne et par lieue. . . . . , . . .   0f,04

Total. . . . 0f,44

Les 5,250,000 tonnes à ce prix coûtent.   2,310,000

Reste pour l'économie de transport due au canal. . .   2,940,000

Soit. . . . .   5,000,000 fr.

Ce qui n'est que la moitié environ du chiffre trouvé par M. Favier au moyen d'une estimation détaillée (§ 19).

Ces 3 millions, produits par le capital de 15 millions représentant l'exécution, correspondent à 20 p. 100. Ajoutant à ce nombre 9 p. 100, qui représentent l'ensemble du revenu spécial (§ 18) et du revenu fiscal (§ 19), on aura pour le revenu territorial 29 p. 100.

(*) C'est le prix qu'on paye ordinairement ; il se compose du loyer du bateau, estimé a fr. 50 c., et de deux journées de haleurs estimées ensemble 5 fr. 50 c.

§ 21. *Du revenu fiscal que la France tirerait du canal du Centre par la suppression des péages.*

Si les péages sur les lignes principales de navigation étaient supprimés, et que partout sur ces lignes on circulât librement, le pays éprouverait une grande augmentation de prospérité, et cette augmentation de prospérité rendrait évidemment les sources de l'impôt plus productives qu'elles ne le sont.

Cela posé, on remarquera que, malgré des droits beaucoup trop forts (§ 6), le canal du Centre verse au trésor, en outre du produit de son péage, 6 p. 100 du capital avancé pour l'exécuter (§ 19). Or, la suppression totale du péage ferait cesser les entraves de perception; elle donnerait aux transports toutes les facilités qu'on peut souhaiter; enfin, elle réduirait le prix du frettrouvé de 2,310,000 fr. au paragraphe précédent, à la somme de 210,000 fr., qui sera l'objet d'un calcul du paragraphe suivant. Il doit donc être bien établi que l'augmentation du produit des impôts, due au canal du Centre, et trouvée de 6 p. 100, est peu de chose par rapport à celle que donnerait la suppression des péages. Il s'ensuit qu'en portant cette dernière au double de la première, nous ne douterons pas de l'avoir évaluée au plus bas.

C'est-à-dire que l'évaluation du revenu fiscal dont nous nous occupons, ne peut pas être portée à moins de 12 p. 100 du capital avancé pour l'exécution du canal du Centre.

§ 22. *Du revenu territorial que la France tirerait du canal du Centre par la suppression des péages.*

Si la circulation était libre sur les lignes principales de navigation, le prix du transport qui, à part les droits, est pour une lieue et pour une tonne (§ 20) d'environ 0 fr. 04, donnerait, en supposant que la quantité de marchandises transportées ne changeât pas, le calcul que voici :

Roulage de 5,250,000 tonneaux, comme au § 20. . . . . . .   5,250,000 fr.
Transport par eau , à 0f,04 (§ 20), ci.   210,000

Économie du transport par eau sur le transport par terre. .   5,040,000 fr.

Le capital avancé pour l'exécution étant de 15 millions, ces 5,040,000 fr. correspondent à 34 p. 100 du capital avancé.

Ajoutons à ce chiffre 34 le revenu fiscal porté dans le paragraphe qui précède à 12 p. 100, et nous aurons pour le revenu territorial cherché 46 p. 100.

Et comme l'annulation des droits donnerait une augmentation considérable de circulation, on peut dire que l'augmentation du revenu dont il s'agit sur celui que l'on a calculé dans le § 20, serait de plus de 17 p. 100 du capital avancé pour l'exécution.

§ 23. *Tableau des revenus qui viennent d'être calculés.*

DÉSIGNATION des voies DE COMMUNICATION.	ESPÈCE des REVENUS.	REVENUS du capital D'EXÉCUTION.
Routes	Territorial. . .	16 p. 100
Canal du centre.	Spécial	3 p. 100
	Fiscal.	6 p. 100
	Territorial . .	20 p. 100
Id. les péages étant supprimés.	Fiscal.	12 p. 100
	Territorial . .	40 p. 100

Les chiffres de ce tableau nous paraissent avoir une grande importance, et nous pensons que si on les calculait avec plus d'exactitude que nous n'avons pu en mettre à cette partie de notre travail , on rendrait un véritable service à la science économique (*).

Ces chiffres feront voir que nos routes , bien qu'elles ne soient que des voies de communication d'un emploi fort cher, ne laissent pas que de donner un revenu territorial très-élevé. Et si l'on cherche l'explication de ce fait, on trouvera qu'il tient en grande partie à ce que les inconvénients de ce système de voies sont balancés par l'avantage dont elles jouissent de desservir des transports libres et débarrassés de toute espèce de péage.

Les mêmes chiffres nous feront faire cette autre remarque : c'est que la suppression des péages sur les lignes principales de navigation augmenterait non-seulement les revenus territoriaux de la France, mais encore les revenus du trésor. C'est une vérité bien méconnue et qui sera développée au moyen des calculs du chap. 6.

Enfin, pour toutes les personnes qui connaissent le canal du Centre , ce tableau prouvera : 1° qu'une compagnie qui aurait exécuté ce canal n'aurait que 3 p. 100 de revenu brut, ou moins de 2 p. 100 de revenu net, car sur les 497,000 fr. que produit son péage (§ 18), il faut prélever environ 200,000 fr. pour l'entretenir : c'est-à-dire, qu'une compagnie n'aurait pu l'entreprendre qu'à perte ; 2° que le même canal donnant au trésor 9 pour 100 de revenu , l'État est depuis longtemps rentré dans les avances que le canal du Centre a exigées.

(*) Au moyen des documents que possèdent nos administrations , les personnes qui connaissent bien les produits des recettes indirectes obtiendraient facilement , au lieu d'aperçus comme ceux que nous présentons , des résultats fort approchants de la vérité. L'utilité de ces résultats se fera mieux sentir plus loin (Chap. 6 et chap. 7).

§ 24. *Des conséquences à tirer de ce chapitre relativement aux compagnies exécutantes.*

On voit par ce qui précède que pour les voies de communication assez fréquentées pour que leurs avantages fassent rentrer promptement le pays dans les avances nécessitées par l'exécution, les travaux faits par l'administration, et exempts de péages après l'emploi d'un tarif transitoire exercé pendant un petit nombre d'années, donnent un revenu territorial beaucoup plus considérable que celui des travaux faits par concession ; c'est-à-dire que la richesse nationale prospère beaucoup plus en se passant des compagnies exécutantes, payées au moyen d'un long et fort péage destructif de la majeure partie de l'avantage à obtenir, qu'en employant ces compagnies.

Cette vérité se trouve confirmée à chaque instant dans cet écrit.

CHAPITRE III.

L'EXISTENCE des compagnies repose sur le principe d'association ; nous allons examiner ce principe en ce qui les touche, et nous tâcherons de porter nos réflexions sur tous les intérêts qui sont mis en jeu pour faire fonctionner une compagnie exécutante. Nous serons conduits à voir dans quels cas ces compagnies peuvent être utiles et quels sont les inconvénients qu'elles peuvent présenter.

§ 25. *Des associations.*

Il y a association entre des propriétaires qui réunissent leurs moyens pour faire faire, par exemple, une route qui les intéresse.

Il y a association aussi entre les hommes qui se coalisent pour détruire la concurrence afin d'empêcher qu'un objet en adjudication ne se vende à sa valeur, ou pour qu'une denrée augmente de prix, le tout en vue de réaliser un bénéfice illicite.

Il ne faut donc pas croire que toute association , par cela seul que c'est une association , soit une bonne chose.

Nous distinguerons dans les associations les *spéculateurs* et les *coïntéressés naturels*. Les premiers sont des hommes qui ne cherchent qu'une occasion quelconque de gagner de l'argent. Les derniers sont , par exemple , les propriétaires d'un terrain à dessécher , ou les industriels qui ont besoin d'une voie nouvelle de communication pour le transport de leurs produits.

Le caractère d'une association de coïntéressés naturels , c'est que l'œuvre qui les occupe se fait pour eux , et qu'ils ont besoin avant tout qu'elle satisfasse à son objet. Elle n'est pas l'occasion qui les réunit ; elle est la conséquence d'un état de choses préexistant qui les amène à s'occuper d'une amélioration du pays.

Le caractère d'une association de spéculateurs c'est que l'œuvre qui les occupe ne se fait pas pour eux , et qu'il leur importe moins qu'elle satisfasse à son objet qu'il ne leur importe de réaliser un profit. Elle les réunit accidentellement , et ils n'ont en vue que le placement avantageux d'actions plus ou moins propres à être recherchées.

Quant aux acquéreurs de ces actions , ils appartiennent à la catégorie des spéculateurs , et ils sont ce qu'on appelle *les actionnaires* de l'entreprise.

Les hommes qui forment le noyau primitif de l'association en sont ce que nous appellerons les *fondateurs* , et ceux qui la dirigent dans les phases successives qu'elle présente en sont les *administrateurs*.

En fait de grands travaux , il faut considérer les compagnies qui se proposent de fournir des fonds , et celles qui entreprennent des ouvrages publics. Les premières sont des *compagnies de prêteurs* , et les dernières des *compagnies exécutantes*.

Il ne sera question dans ce chapitre que des compagnies exécutantes , et nous parlerons d'abord de celles qui sont propriétaires de nos deux plus anciens canaux. Il sera question ailleurs des compagnies de prêteurs formées de coïntéressés naturels (§ 66).

§ 26. *Concession du canal de Briare.*

Ce canal a été concédé par lettres patentes de 1638 , et il a coûté en argent d'aujourd'hui , selon M. Dutens , 6,500,000 fr., et selon M. Huerne de Pomeuse 10,000,000(*). Il a été commencé aux frais du gouvernement , et fini par le moyen d'une concession. On sait que le chiffre de la dépense des concessionnaires ne peut pas être bien fort ; car , d'après Delalande (**), Sully et Henri IV qui étaient, dit cet auteur , les amis et pour ainsi dire les camarades de leurs soldats , et qui croyaient les récompenser en les occupant utilement , avaient employé , de 1605 à 1610 , six mille hommes de troupes à en creuser les excavations. Il ajoute qu'en 1610 , à la mort de Henri IV , qui avait fait commencer les travaux , la plus grande partie des maçonneries des écluses était achevée.

Le revenu net du canal de Briare est de 320,000 fr.

Si ce canal et le canal de Loing qui y fait suite avaient toujours fait partie du domaine de l'état , leurs tarifs dont l'inconvénient était senti dès 1776 (***), comme obstacle *à la liberté et à la franchise des transports* , auraient été abaissés ; la ligne de navigation de Paris à Lyon par Briare aurait satisfait à elle seule aux besoins du commerce (§ 10), et l'on n'aurait sûrement pas entrepris les canaux de Bourgogne et du Nivernais , qui ont coûté en argent déboursé 83 millions.

Ainsi les canaux de Briare et de Loing , qui forment l'une

(*) *Histoire de la Navigation ;* par M. Dutens , tome II , page 80.
(**) *Histoire des canaux* , page 330.
(***) *OEuvres* de M. Gauthey , tome III , page 373.

des plus importantes artères commerciales de la France,
sont pour notre commerce une espèce de pays étranger,
dont nous sommes tributaires, qui a ses intérêts, ses lois,
et avec lequel on ne traite que de puissance à puissance,
pour obtenir bien tardivement ce que réclame la prospérité
générale ! Et cependant les propriétaires de ces canaux
ont toujours été des hommes extrêmement honorables.
Qu'on juge par là du système des concessions !

§ 27. *Concession du canal du Midi.*

Ce canal, commencé en 1667, a coûté 34 millions en
argent d'aujourd'hui (*). Le gouvernement et les états de
Languedoc y employèrent d'abord 25,500,000 fr. ; ensuite une concession perpétuelle en fut faite à Riquet qui
dépensa 8,500,000 fr. pour le terminer.

Le revenu net de ce canal s'est beaucoup augmenté par
l'exécution récente des travaux du canal des Étangs, qui
complète la communication de Toulouse au Rhône. Ce
revenu s'élevait dès 1829 à 1,440,000 fr. (**) ; c'est 17
pour 100 des 8,500,000 fr. avancés pour l'achèvement.
Il s'est encore accru depuis 1829, car la moyenne du produit brut des quatre années 1829, 1830, 1831 et 1832
est de 2,536,700 francs, ce qui, en estimant l'entretien à
500,000 fr., comme M. Dutens, donne pour la moyenne
des mêmes années 2,036,700 fr. C'est environ 24 p. 100.

Si l'on consacrait 30 à 40 millions, comme on le projette, au perfectionnement de la navigation entre Toulouse et Bordeaux, si l'exportation des vins était facilitée
par la législation des douanes, et si les successeurs de
Riquet, s'en tenant à leur titre, n'intervenaient aucune-

____

(*) *Histoire de la navigation* ; tome 1, page 111.

(**) *Id.*, tome 1, page 120.

ment dans ces améliorations, leur revenu net continue-rait de s'élever et pourrait dépasser 48 p. 100.

C'est qu'en effet le canal du Midi n'est en concurrence qu'avec le roulage et la navigation maritime de l'Océan à la Méditerranée, par le contour de l'Espagne, c'est-à-dire qu'il n'a contre lui qu'une concurrence peu redoutable.

Ce canal n'en a pas moins rendu de grands services, et on a la preuve de ces services par le rapport du prix des transports qu'il sert à effectuer aux prix des transports par terre du pays qu'il traverse. Ce rapport, d'après M. Dutens (t. Ier, page 120), est celui des nombres 29 et 64 : c'est-à-dire que le canal du Midi réduit les prix du transport de trente-cinq soixante-quatrièmes.

C'est un bien beau résultat ; cependant il est au-dessous de ce qu'on devrait attendre, après un siècle et demi d'exécution, des grands ouvrages d'utilité publique comparables au canal du Midi (§ 42).

§ 28. *Comment se forme ordinairement une compagnie exécutante.*

Un ouvrage public quelconque, tel qu'un pont, un canal de desséchement, un canal navigable, etc., intéresse tous ceux qui doivent en user : cependant ce n'est pas ordinairement de cette masse d'intéressés que sort l'idée de faire l'ouvrage qui doit pourvoir à leurs besoins. On a vu bien souvent que c'était un étranger qui, appréciant nettement ces besoins, concevait le projet, le rédigeait, en faisait comprendre les avantages à des hommes éclairés, et ensuite réunissait, comme fondateurs d'une compagnie, un nombre de capitalistes et de gens d'affaires habiles qui faisaient les premières démarches, obtenaient une concession, trouvaient les actionnaires nécessaires pour fournir les fonds, exécutaient les travaux et les livraient à la circulation.

Les hommes de génie qui ont inventé des ouvrages utiles,

et les gens habiles qui ont été premiers bons appréciateurs de ces avantages , méritent la reconnaissance du pays.

Pour payer l'invention , le travail intellectuel , et le dévouement qui fait qu'on s'élance vers un but d'un intérêt général sans s'effrayer de pertes menaçantes , on a employé le moyen tout naturel de donner aux fondateurs ce qu'on appelle des *actions industrielles* , c'est-à-dire des actions qui ont part comme les autres à tous les avantages, et pour lesquelles on ne fait aucune avance d'argent.

Mais les conceptions neuves qui peuvent motiver d'utiles concessions sont très-rares.

On a décrit la plupart des grands ouvrages que réclame notre pays, et malheureusement les projets qui sont l'œuvre des hommes laborieux doués de quelque génie se distinguent difficilement de ceux que la spéculation emprunte aux cartons des ministères, aux ouvrages depuis longtemps publiés, à la masse des idées qui viennent à tout le monde , et que l'art de faire des affaires reproduit en les exaltant. De là tant d'associations où les actionnaires ne figurent que pour donner des capitaux , tant de compagnies où les fondateurs réalisent des profits au détriment de la chose publique.

Souvent même le projet dont s'occupe une compagnie n'est nullement son œuvre ; c'est celle du gouvernement, et la compagnie n'intervient que parce que l'on admet faussement qu'elle offre de bons moyens de trouver les fonds et d'opérer. Il y a tel de ces cas où les travaux , quoique mal exécutés , coûtent au pays quinze et vingt fois la somme qu'ils exigeaient.

Cependant de semblables résultats , ni même la pièce des *Actionnaires* , de M. Scribe , n'ont pu encore éclairer convenablement le public sur les dangers que court l'intérêt public , quand on livre à des compagnies les ouvrages d'une grande importance.

§ 29. *Des diverses administrations qui dirigent successive-ment une compagnie.*

Il faut distinguer trois périodes dans la gestion des affaires d'une compagnie :

1° Celle qui commence avec les premières idées de l'entreprise, et qui se termine à l'époque où la concession est décidée. Dans cette première période, les fondateurs composent à eux seuls toute la compagnie, et l'administration qui dirige l'affaire est ce que nous nommerons *l'agence des fondateurs* ;

2° La période qui commence avec la concession, et qui se termine à la réception de l'ouvrage qu'il s'agissait d'exécuter, réception qui met les actionnaires en jouissance. Pendant cette période, l'objet principal dont on s'occupe est l'exécution, et l'administration qui représente la compagnie est ce que nous nommerons *l'agence d'exécution;*

3° La période qui commence à la réception de l'ouvrage, et qui dure jusqu'à la fin de la concession. Nous appellerons *administration définitive*, celle qui dirige l'affaire pendant cette troisième période.

§ 30. *De l'agence des fondateurs.*

A vrai dire, à l'origine d'une association, l'état irrégulier des choses ne mérite guère le nom d'administration. Cependant les fondateurs, en assemblant les premiers actionnaires, présentent nécessairement avec l'exposé de leur gestion, un état des dépenses faites pour les projets, pour le dépôt du cautionnement, et pour les démarches dont le fruit est l'acte de concession.

Un des objets importants de l'agence des fondateurs, c'est la rédaction des statuts de la compagnie. Ordinairement ce travail subit des modifications à mesure qu'elles deviennent nécessaires pour que les fondateurs s'associent des actionnaires influents. Le plus souvent c'est en partageant avec ces derniers les actions industrielles, ou en constituant la société de façon que les talents et les capacités des nouveaux venus soient utilisés dans des fonctions de banquiers, d'administrateurs, d'ingénieurs, etc., que l'accord se fait sur ce qui concerne les prétentions et les parts de chacun.

Les principaux actionnaires amènent à leur suite leurs cliens, et la compagnie, réunie en assemblée générale, règle avec les fondateurs, délibère sur les statuts, et ensuite nomme ses agents. Dès lors les affaires se trouvent entre les mains de l'agence d'exécution.

Ce passage de la première à la deuxième administration de la compagnie est, comme on va le voir, une affaire de très-grande importance.

§ 31. *De l'agence d'exécution.*

Si l'administration qui préside à l'exécution ne se composait pas d'hommes assez habiles pour achever le placement des actions; s'ils ne présentaient pas assez de garanties pour que les versements de fonds des actionnaires s'opérassent régulièrement; si cette administration n'avait pas de caissiers sûrs; si elle ne réglait pas dans une mesure convenable les salaires des employés; si elle créait des emplois inutiles ou nuisibles; si elle payait des travaux mal faits; si les évaluations d'indemnités n'étaient pas établies avec des soins extrêmes, on comprend que les affaires de la compagnie iraient fort mal.

S'en rapportera-t-elle à ses ingénieurs pour la certification des dépenses faites? Y aura-t-il une hiérarchie d'ingénieurs dont l'agence d'exécution exigera le contrôle avant de payer? S'il faut faire des avances, les agents comptables

devront-ils déférer à la simple demande d'un administra-
teur? Faudra-t-il une délibération de l'agence d'exécution ?
Quels cautionnements demandera-t-on aux caissiers ? Comment se fera l'apurement des comptes ? A quels conseils d'a-
vocats demandera-t-on s'il faut avoir des procès dans tels
ou tels cas ? Comment parviendra-t-on à faire mettre les travaux en état de réception ?

Mais, dira-t-on, comment l'agence de la compagnie ne
ferait-elle pas ce que le gouvernement parvient bien à faire
avec ses administrations ? Il faut considérer que les agents
de ces administrations ne sont pas choisis de la veille. Il
faut considérer qu'au moyen des antécédents de chacun
d'eux ils se connaissent, sous le rapport de la moralité de
leurs services, sans s'être jamais vus, et savent jusqu'à quel
point leur confiance les uns dans les autres engage leur responsabilité. De plus, ils n'ont pas dans leurs corps respectifs
une position tout à fait précaire.

On voit, d'après cela, que l'agence d'exécution des travaux d'une compagnie ne peut être confiée qu'à des hommes
d'un grand mérite, d'une position élevée et d'une grande
solvabilité. Or, de tels hommes n'étant pas communs, les
actionnaires choisissent forcément, pour en composer l'a-
gence d'exécution, ceux que les fondateurs conviennent de
présenter parmi les plus forts souscripteurs. C'est-à-dire
que les actionnaires n'interviennent guère dans l'assemblée
générale que pour légaliser par une élection apparente la
distribution d'emplois proposée par les fondateurs, lesquels
ont ordinairement l'entreprise à forfait des travaux à exécuter.

C'est un avantage, en ce que c'est le seul moyen de main-
tenir l'harmonie et l'unité de vues que demande la marche
des affaires ; mais c'est un très-grand inconvénient sous le
rapport du bon emploi des fonds. En effet, l'agence d'exécution est essentiellement une administration de contrôle ;
or, si ceux qui contrôlent et ceux qui se sont contrôlés se

sont mutuellement choisis, on ne pourra pas attendre des administrateurs l'énergique et indépendante sévérité qui est indispensable pour qu'on ait de bons travaux qui ne soient pas payés trop cher. D'où il faut conclure que l'agence d'exécution d'une compagnie exécutante est en général très-dispendieuse, tant parce qu'on ne peut la composer que d'hommes d'une position et d'une capacité rares, que parce que ces hommes, en qualité de spéculateurs, participent inévitablement aux entreprises de travaux, ce qui met leurs intérêts en opposition avec ceux des actionnaires.

§ 32. *De l'administration définitive.*

Il résulte des circonstances que nous venons d'exposer que, pendant l'exécution d'un grand ouvrage, entrepris par une compagnie, les actionnaires sont appelés souvent à choisir des hommes nouveaux pour remplacer les administrateurs, les directeurs, les ingénieurs et les agents principaux qui, ayant atteint leur but particulier, réalisé leurs avantages, font faute à la compagnie.

Elle parvient ainsi, peu à peu, à faire entrer dans son agence les possesseurs d'actions qui prennent à l'affaire, non pas un intérêt passager, mais un intérêt permanent et réel. Ces gérents conduisent les choses dans un sens mieux d'accord avec l'intérêt des actionnaires.

Mais il ne faut pas croire pourtant que l'administration définitive, à laquelle on arrive ainsi, doive être sans embarras.

Les travaux exécutés, quelle que soit la sévérité de la réception, seront bien défectueux (§ 56), et l'administration définitive devra, par un entretien qui sera sous quelques rapports une reconstruction, les mettre en bon état. Pour l'ordinaire, elle recevra de la précédente administration beaucoup d'affaires litigieuses à examiner, et quelques procès à finir. Il sera donc très-rare que les actionnaires ne soient pas forcés de confier encore la direction de leur entreprise à des hommes qui soient bien loin d'avoir un intérêt identique avec le leur.

§ 33. *De la difficulté d'avoir des actionnaires pour former des compagnies concessionnaires de grands chemins de fer.*

Lorsqu'on veut placer une petite somme, comme le montant d'une action, on en trouve avec hypothèque aisément 4 à 5 p. 100.

Il suit de là qu'il doit être fort difficile d'amener un particulier raisonnable à prendre, par motif de simple spéculation, une action dans une compagnie concessionnaire d'un chemin de fer. Les fondateurs de l'association ne seront en effet pour lui que des hommes entraînés par le charme d'espérances qu'il n'est pas aisé de soumettre au calcul, ou si ces fondateurs, par leurs talents et leur moralité, inspirent une grande confiance, il ne verra en eux que des agents placés temporairement à la tête de l'affaire, et qui, ne pouvant répondre que de leur propre gestion, ne donneront aucune garantie d'un avenir dépendant en grande partie des successeurs inconnus susceptibles de les remplacer d'un moment à l'autre.

Il faut d'ailleurs supposer que le petit propriétaire auquel on propose des actions se demande, avec le sentiment de son incapacité pour pénétrer dans de telles questions, si des inventions nouvelles ne permettront pas d'aller vite et à bon marché sur nos routes ? Si, dans l'état actuel de l'art, ou par des perfectionnemens réalisables, il ne sera pas possible de faire plus tard, au lieu du chemin projeté, un autre chemin meilleur ?

Il est clair qu'après un examen tant soit peu réfléchi, le petit propriétaire dont il s'agit verra qu'il ne comprend rien des choses qu'il faudrait qu'il comprît pour s'engager avec connaissance de cause dans une grande affaire de chemins de fer, et qu'en conséquence il ne doit mettre dans une telle affaire que les fonds qu'il veut aventurer.

Beaucoup de personnes ayant dû faire ce raisonnement, on n'est pas surpris en voyant qu'il n'y ait eu que très-peu de projets de chemins de fer étudiés un peu soigneusement par des particuliers, dans le but d'obtenir des concessions, et que les hommes disposés à fonder de grandes compagnies, pour entreprendre ces chemins, se soient jusqu'à présent tenus à peu près dans l'expectative.

§ 34. *Sur les actions industrielles.*

Cette difficulté de trouver des actionnaires pour composer une compagnie, pourrait être facilement surmontée au moyen des actions industrielles par des concessionnaires habiles et peu scrupuleux.

Concevons que de tels concessionnaires aient besoin de s'associer un capitaliste influent. Ils lui diront : Nos actions sont excellentes et nous voulons que vous en preniez ; nous vous ferons entrer dans notre conseil, et dans cette intention nous vous offrons, pour chaque action que vous payerez, une action industrielle, ou même deux, ou même trois, selon l'utilité probable du capitaliste auquel ils s'adresseront. La position offerte à ce capitaliste, dans l'association, sera donc telle que si les actions perdaient moitié, deux tiers, il aurait encore, lui, au moyen des actions industrielles, 5 p. 100 de sa mise. Si elles se maintenaient au pair, ou si elles doublaient de valeur, il en aurait dans le premier cas 10 et 15, et dans le second 20 et 30 p. 100. Supposons qu'il accepte la proposition dont il s'agit, son nom donnera du relief à l'affaire, et d'autres hommes riches étant appelés ensuite et avec plus de facilité à en faire partie, elle marchera. On pourrait donc à toute force demander une mauvaise concession et l'exploiter avec profit par de tels moyens. Mais il faut remarquer que la concession faite ne conduirait pas à l'exécution des travaux, car les porteurs d'actions industrielles ainsi acquises auraient quelque impatience de s'en défaire, et en les mettant sur la place ils renverseraient le crédit de la compagnie.

Or, ce que des concessionnaires peu scrupuleux feraient, sera, sauf l'intention, ce que feront des concessionnaires honnêtes; car il faudra bien: 1° qu'ils s'occupent de placer des actions, et pour cela qu'ils présentent la concession par ses plus beaux côtés; 2° qu'ils s'associent des hommes d'une position élevée, lesquels en mettant leurs talents au service de la compagnie devront avoir une partie des actions industrielles.

Il est bien malheureux sans doute que les hommes purs qui veulent faire une chose utile aient à opérer de la même façon que ceux qui n'auraient pas d'autre objet que d'exploiter le public trop confiant. Aussi a-t-on eu la pensée, pour empêcher le mauvais emploi qu'on peut faire des actions industrielles, d'interdire aux compagnies l'émission de ces actions. Mais ce serait probablement gêner des concessionnaires très-respectables. Il suffirait sans doute, pour atteindre le but cherché, de décider: 1° que ces actions fussent déposées chez un notaire, avec les noms des porteurs; 2° que le public fût admis à prendre connaissance de ces noms; 3° que la cession de toute action industrielle ne pût s'opérer qu'au moyen d'un acte de vente passé devant ce notaire. Il est clair que ces mesures préviendraient, au moins en grande partie, les opérations clandestines que l'on doit redouter.

§ 35. *Des associations de coïntéressés naturels.*

Lorsqu'une association doit se composer en totalité ou en majeure partie de coïntéressés naturels, les inconvénients dont il vient d'être question sont moins à redouter.

En premier lieu, on remarquera que si les coïntéressés naturels sont en grand nombre dans l'association, ils parviendront à y faire dominer les vues qui se rattacheront à une bonne fin, ce qui, en général, empêchera de surgir les idées plus ou moins entraînantes qui viennent aux spéculateurs pour grossir leurs profits. Ainsi, dans une telle association, on n'osera jamais présenter comme des avantages les économies qui tiendraient à la mauvaise exécution, ou qui conduiraient à renchérir les transports.

En second lieu, les conséquences des erreurs seront moins graves. Supposons, par exemple, qu'il s'agisse d'un canal navigable fait par des propriétaires pour transporter leurs bois, leurs vins, leurs charbons, leurs produits industriels, etc. Leur profit ne consistera pas seulement dans le dividende que le péage donnera pour les actions, il consistera principalement dans l'amélioration des propriétés foncières ou industrielles des actionnaires. Ils pourront donc, jusqu'à un certain point, perdre sur les actions, l'affaire comme placement de fonds n'étant pas bonne, et cependant ne pas perdre, et même gagner beaucoup, par les exportations et importations nouvelles dues à ce canal. C'est ainsi qu'un État, en faisant des routes qui ne donnent aucun produit direct, accroît pourtant la richesse publique.

C'est, en grande partie, parce que l'on ne peut pas éviter en Angleterre d'avoir à la tête de toute compagnie quelques hommes au moins qui ne soient pas uniquement spéculateurs, que les concessions y sont si différentes des nôtres. En effet, la propriété chez les Anglais est beaucoup moins divisée que chez nous, et les idées d'utilité publique n'ont pas comme en France plus d'empire que celles qui tendent à conserver intactes les grandes propriétés, d'où résultent deux choses : premièrement, que pour exécuter un projet de huit ou dix lieues de longueur on ne traverse quelquefois que cinq ou six grandes propriétés ; secondement que l'acquisition des terrains présente des difficultés excessives. Or , pour surmonter de tels obstacles on est forcé d'admettre au nombre des fondateurs d'une compagnie les principaux propriétaires dont on coupe les champs. Et comme ces propriétaires ne se désaisissent presque jamais de leur intérêt dans l'association , et qu'ils le transmettent à leurs enfants , il n'est pas étonnant que les concessions anglaises aient un caractère de permanence et de moralité tout à fait particulier.

C'est très-certainement un grand avantage ; mais nous ne devons peut-être pas l'envier à nos voisins ; car , de ce que le concours de la grande propriété est indispensable en Angleterre à l'établissement de beaucoup de compagnies , il s'ensuit que toute découverte , toute idée heureuse , en fait de voies de communication , y est exploitée , fortement exploitée , au profit des concessionnaires bien plus que dans l'intérêt général. Aussi les transports y sont-ils d'une cherté qui ruinerait le commerce d'un pays comme le nôtre (§ 42).

Il n'en est pas moins vrai qu'une compagnie de coïntéressés naturels , propriétaires , fabricants ou négociants , donne des garanties de moralité qu'on doit rechercher , et que nous trouverons dans les compagnies de prêteurs dont il sera question plus loin (§ 66).

§ 36. *Des dépenses que solde une compagnie pour les travaux qu'elle fait faire.*

L'agence d'exécution d'une compagnie solde des dépenses que nous diviserons en deux espèces.

Ire ESPÈCE. — *Dépenses qui sont comprises dans les estimations des ouvrages qu'exécute l'administration des ponts et chaussées.*

1° Les journées d'ouvriers et les fournitures de matériaux ;

2° Les faux frais et les bénéfices des entrepreneurs ;

3° Les indemnités de terrains ;

4° Les frais d'expertise et de procès , les épuisements, les dommages causés à des tiers , etc.

L'estimation de ces quatre objets ne peut jamais être absolument déterminée. S'ils se rapportent à un ouvrage d'une espèce bien connue; si cet ouvrage doit s'exécuter dans un département où la préfecture soit sur un pied convenable ; s'il est dirigé par un ingénieur habile , si cet ingénieur a l'appui de la préfecture et de l'administration supérieure ; si pour l'ouvrage en question cette administration a toute la force qu'elle avait sous l'Empire ; si elle emploie cette force à exciter un zèle bien entendu , on opérera au prix le plus bas. Si toutes ces circonstances, au lieu d'être favorables se trouvent défavorables , le pays pourra bien payer l'ouvrage à faire un quart et même moitié de plus que dans le premier cas. Une compagnie aura encore moins de moyens de le faire faire à bon marché (§ 31).

II°. ESPÈCE. — *Dépenses qui ne sont pas comprises dans les estimations des ouvrages qu'exécute l'administraion des ponts et chaussées.* Elles ont pour objet , savoir :

1° Les administrateurs , notaires , employés; les **frais** de location de bâtimens ; les frais de bureau , etc. , pour la portion du service de l'État qui se fait dans les préfectures ;

2° Les banquiers , receveurs , caissiers , payeurs , etc. , qui font le service que les receveurs généraux et particuliers, les payeurs , les receveurs des communes , des domaines, des contributions indirectes, etc. , font avec une extrême supériorité pour le gouvernement ;

3° Les ingénieurs , les conseils d'hommes de l'art , les conducteurs , piqueurs , etc. ;

4° Les frais de l'avant-projet , lorsqu'il n'est pas fourni par l'État ;

5° Les frais du cautionnement ;

6° Les frais faits pour obtenir la concession et pour trouver les premiers et principaux actionnaires ;

7° Les frais et sacrifices qui peuvent être nécessaires pour indemniser les agents qui placent des actions ;

8° Les frais qu'occasionne une réception générale pour visites, examen de travaux vicieux, emploi de mesures coërcitives contre de mauvais entrepreneurs, consultations de gens de l'art, ajournements, débats, jouissance perdue, etc. La question étant toujours de faire admettre un grand ouvrage fort imparfait, la réception est toujours hérissée de difficultés (§ 56) ;

9° Les intérêts des capitaux improductifs pendant l'exécution ;

10° Enfin, les fausses dépenses que l'administration publique évite au moyen du contre-seing de ses agents, les pertes possibles pour cautionnements confisqués, folle-enchère, imperfections du cahier des charges, réclamations administratives, etc., etc.

Ces dix articles sont d'une considération très-importante, cependant on les passe quelquefois sous silence.

Nous avons fait ailleurs l'estimation de l'ensemble de ces dépenses (*), mais on remarquera que cette estimation ne peut se rapporter qu'au cas du *minimum*, c'est-à-dire au cas d'un service bien organisé et fonctionnant régulièrement dès l'origine de la concession, mais qu'elle n'est pas faisable pour tout autre cas. Qui peut dire en effet ce que coûteront les travaux, quand on ne sait nullement quelles preuves les ingénieurs devront donner de leur expérience et de leur talent ; quand on ignore s'ils choisiront librement leurs collaborateurs ou si on les leur imposera ; quand on ne sait pas si les agents seront rémunérés de manière à se livrer exclusivement à leur service ; s'ils seront ou ne seront pas changés plusieurs fois pendant l'exécution ; si les administrateurs seront stables, instruits, zélés ; si les payements seront prompts et réguliers, enfin, quand on

____

(*) Voyez la note qui termine le § 38.

ne sait rien des difficultés qui peuvent se présenter pour des tracés mal faits, pour des difficultés contentieuses, pour le cas de folle-enchère, etc., etc. ?

§ 37. *Du calcul des bénéfices d'une compagnie concessionnaire d'un grand chemin de fer.*

Ce calcul porte sur les éléments ci-après :

1° *Le prix du revient du chemin en question.* C'est celui qui fait l'objet du paragraphe précédent ;

2° *Le prix de l'entretien.* Il est encore peu connu ; on sait toutefois qu'il répond à un capital assez consi-dérable (§ 99 et § 108);

3° *Le prix de la locomotion* (§ 94);

4° *Les frais de recette et d'administration ;*

5 *Le revenu présumé*, lequel dépend du tarif et des quantités de transports. Si les canaux continuaient d'être frappés d'inutilité par de gros péages, ce revenu irait en s'accroissant. Il décroîtrait au contraire, si l'on supprimait les péages, les droits de diligence, la rétribution des maîtres de poste, etc. Il diminuerait encore si des machines plus parfaites permettaient d'exécuter de nouveaux chemins moins coûteux que les premiers, et propres à rivaliser avec ceux-ci.

Le calcul des bénéfices d'une compagnie concessionnaire d'un chemin de fer est donc d'une appréciation toujours chanceuse et difficile.

§ 38. *Du prix que le pays paye pour les travaux que font
les compagnies.*

Si une compagnie paye chèrement les travaux qu'elle fait faire sans qu'elle soit par là sûre de les avoir bons (§ 36); si les avantages qu'elle peut attendre de la spécu-lation qui l'occupe sont d'une évaluation chanceuse (§ 37), il s'ensuivra qu'une voie de communication faite par une compagnie doit être une œuvre fort chère pour le pays qui doit en jouir.

Veut-on examiner cette question sous le rapport des revenus ? On sera conduit, ainsi qu'on va le voir, à la même conclusion.

Si la compagnie se ruine, c'est un malheur public, et ceux qui veulent que les compagnies gagnent beaucoup, afin qu'elles soient encouragées, ne diront pas le contraire.

Si la compagnie a 5 pour 100 de ses avances, et qu'elle ait payé ses travaux plus qu'ils n'auraient coûté au gouvernement, ce que l'on doit regarder comme tout à fait inévitable (§ 36), le pays se trouvera payer plus de 5 p. 100 de la valeur de l'ouvrage. Ainsi l'État payera trop, et les actionnaires qui devraient recevoir l'intérêt de leur argent, plus un supplément indispensable pour les risques par eux courus, recevront trop peu.

Si la compagnie a 10, 15, 20 pour 100 de ses avances, le pays payera pour l'ouvrage fait, en supposant qu'il coûte, par exemple, le double de ce qu'il aurait coûté au gouvernement, autant que l'État aurait eu à payer pour avoir quatre, six, huit ouvrages comme celui dont la compagnie aura fait l'entreprise.

Nous pourrions citer beaucoup de concessions qui justifieraient ce qui précède, mais nous voulons nous en tenir aux raisonnements généraux qui sont ailleurs suffisamment développés (*).

§ 39. *La possession temporaire ou perpétuelle des voies de communication par des compagnies concessionnaires est contraire au bien public.*

L'énoncé de ce paragraphe paraîtra peut-être paradoxal. Eh quoi ! dira-t-on, la compagnie n'est-elle pas

(*) *Améliorations à introduire dans les ponts et chaussées*, pages 76 et suivantes. *De l'aliénation des canaux*, pages 123 et 124.

intéressée à ce que son œuvre soit utile, afin qu'on s'en serve et que les recettes soient fortes ?

Non ; elle n'est intéressée à cela que dans de certaines limites, et ces limites sont plus restreintes qu'on ne le croit.

Pour en avoir la preuve, considérons l'élargissement des écluses du canal de Briare, travail désiré depuis quarante ans, dont le prix sera de près d'un million, et que l'on exécute maintenant, sans doute afin de diminuer la concurrence de la ligne de Dijon (§ 10), sur laquelle aucun étranglement ne s'oppose au passage des bateaux d'un peu moins de $5^m.20$ de largeur.

Admettons que par l'élargissement d'écluses dont il s'agit les revenus du trésor (§ 2) se fussent accrus annuellement de 4 p. 100 du prix de ce travail, mais qu'il n'eût augmenté les revenus de la compagnie que de 3 p. 100. Il est clair que, dans son intérêt, elle aurait bien fait de différer l'exécution, et que ce serait à tort qu'on lui reprocherait de n'avoir pas fait plus tôt un ouvrage qui l'aurait constituée en perte. Mais si l'État avait été propriétaire, les deux revenus de 4 et de 3 p. 100 lui auraient appartenu, d'où l'on voit qu'il aurait eu, lui, 7 pour 100 d'intérêt à l'exécution, sans compter l'avantage d'augmenter la prospérité commerciale.

Si ce n'était que sur quelques travaux d'améliorationque cet intérêt d'une compagnie exerçât son influence, l'inconvénient ne serait sûrement pas bien grave; mais c'est sur toutes choses. Ainsi, lorsqu'un canal est concédé, on ne le cure pas, on ne le faucarde pas, on ne le déglace pas, on ne l'approvisionne pas d'une quantité convenable d'eau, tant que les souffrances du commerce n'ont pas acquis le degré d'intensité nécessaire pour que la compagnie sorte de l'état d'inertie qui, par des raisons très-bonnes pour elle, l'empêche de faire aucune avance de fonds dont l'avantage ne serait pas proportionné à l'accroissement de ses revenus (*).

D'autres exemples vont jeter un nouveau jour sur les conséquences forcées de la position dans laquelle se trouvent les compagnies.

§ 40. *Continuation du même sujet, en ce qui concerne les tracés des chemins de fer.*

Imaginons qu'un chemin de fer ait été concédé à une compagnie ; sur quoi comptera-t-elle pour le remboursement de ses avances ? Sur les produits du péage. Donc elle devra désirer un tarif élevé.

Cela posé, supposons qu'entre deux points du projet on puisse faire deux tracés, dont l'un augmente par rapport à l'autre le développement total du chemin d'un dixième, et demandons-nous lequel de ces deux tracés, toutes choses d'ailleurs égales, conviendra le mieux à la compagnie.

Il est évident que c'est le plus mauvais, car l'avantage de la vitesse étant ordinairement suffisant pour que les transports prennent le chemin de fer de préférence aux routes, les profits qu'elle réaliserait avec le plus court seront augmentés d'un dixième avec le plus long.

Donc, le cas échéant, la compagnie emploiera tous ses moyens pour créer des oppositions à l'exécution du meilleur projet.

Une compagnie aime d'ailleurs que les travaux qui lui sont prescrits aient des défauts ; ils lui fournissent une occasion de solliciter les changements qu'elle peut souhaiter de faire à son marché, en même temps qu'ils excitent dans le public, par les modifications qu'elle propose, un sentiment d'indulgence dont elle a toujours besoin.

(*) Si l'on objectait que les travaux d'entretien des canaux du gouvernement peuvent aussi quelquefois être négligés, il n'en serait pas moins vrai que ce serait de sa part un résultat de négligence dans des cas où, de la part d'une compagnie, c'est un résultat de calcul.

§ 41. *Continuation du même sujet, en ce qui concerne la liberté de circulation sur les chemins de fer et les progrès de la civilisation.*

Tout semble annoncer qu'il sera très-facile de jouir sur les chemins de fer d'une grande liberté de circulation, car les rails étant des guides dont on ne peut pas s'écarter, il en résulte qu'en les parcourant on ne craint ni d'être accroché, ni d'être jeté dans un débord, et que le seul inconvénient qu'on puisse redouter, après les chocs, c'est une perte de temps. Or, les gares d'évitement (§ 109) étant multipliées, cette perte de temps ne pourra jamais être grande, parce que toute l'attention des conducteurs devra se trouver portée sur la nécessité de se soumettre ponctuellement aux règlements établis afin de n'être pas retardés, et afin d'éviter les accidents. Il sera donc beaucoup moins étonnant de voir une libre circulation sur les chemins de fer, que de voir des milliers de voitures et de passants qui se croisent en tout sens dans les rues de Londres ou de Paris, sans que pour l'ordinaire il arrive aucun accident.

Mais pour qu'on jouisse de cette liberté sur les chemins de fer, il faut qu'ils soient dans la main du gouvernement, car les péages paraissent la repousser, et les compagnies la repousseront encore plus, ne fût-ce que pour qu'on la leur achète, si primitivement on n'a pas pu, comme on ne le peut pas en effet aujourd'hui, la leur imposer.

La possession des chemins de fer par des compagnies est encore opposée au progrès de la civilisation par mille circonstances bizarres qui sortent, sans qu'on s'en doute, des cahiers de charges et des tarifs, et qui mettent des embranchements qu'il serait utile d'exécuter, des lignes rivales à établir, des industries à desservir, dans la dépendance des compagnies créées les premières. Les concessions déjà faites en offrent la preuve bien malheureuse dès à présent.

Il n'y aurait qu'une manière d'éviter ces graves inconvénients, ce serait de ne pas concéder les lignes de chemins de fer.

§ 42. *Le système des concessions étendu à tous les grands travaux publics ruinerait la France; comment l'Angleterre prospère avec ce système.*

Celle de nos concessions qui a produit les plus grands et les plus utiles résultats est sûrement celle du canal du Midi (§ 27). Voyons comment la France se trouverait si toutes ses routes avaient été faites par concession et dans des conditions, en définitive, absolument pareilles à celles de ce canal.

Le prix du transport par terre étant généralement en France de 1 fr. par tonne et par lieue, et la réduction de ce prix due au canal Midi s'opérant dans le rapport des nombres 64 et 29 (§ 27), il s'ensuit que le prix du transport par eau se trouve sur la ligne de ce canal de 0 f. 45. Or le prix du transport par eau, abstraction faite des droits, n'est que de 0 f. 04 (§ 20); donc la concession du canal du Midi porte le prix du transport par eau à dix fois environ ce qu'il serait si ce transport était exempt de droits.

Donc, si nos routes étaient concédées exactement comme l'est le canal du Midi, nos transports par terre, au lieu de coûter de 1 fr., en coûteraient 10. Il s'ensuit évidemment que la France serait un bien pauvre pays.

Cependant, pourra-t-on dire, l'Angleterre prospère avec le système des concessions. Il est vrai : mais elle prospère malgré ce système et non pas par le moyen de ce système. Il est aisé de s'en rendre raison. L'Angleterre, très-peuplée, étroite et entourée de mers, fait le commerce du monde, et ses transports intérieurs sont peu de chose par rapport à la totalité des transports qu'exige son immense commerce ; donc il ne lui importe que faiblement que ses transports par terre , par eau et sur des chemins de fer soient chers , puisqu'en définitive leur cherté répartie sur une forte dépense se trouve très-peu sensible.

Mais en France nous sommes dans des conditions tout opposées. Notre population est faible , notre territoire au lieu d'être entouré de mers s'étend au loin dans les terres , et nous ne faisons que très-peu de commerce extérieur ; d'où il suit que nos transports sont une partie considérable de nos dépenses. Aussi le système des grandes concessions , par cela seul qu'il est incompatible avec des transports à bas prix , est-il destiné à périr chez nous (§ 33) , où déjà pour les chemins de fer il décèle son impuissance , long-temps avant que de périr en Angleterre.

§ 43. *De l'emploi à faire en France du système des concessions.*

Nous avons fait voir (§ 35) que les concessions méritent toujours les plus grands encouragements quand elles sont formées de coïntéressés naturels qui opèrent eux-mêmes , pour eux , et avec leurs fonds. C'est le cas du vrai système d'association.

Elles sont utiles encore quand des ouvrages d'espèces nouvelles , comme les ponts en fil d'archal de M. Séguin et le pont fait au Carrousel par M. Polonceau , sont livrés au public , au moyen d'une société d'actionnaires , à la charge d'un péage établi pour un temps limité (§ 47) (*).

Mais , comme on doit le voir par tout ce qui précède , en cas de grands travaux publics il en est tout autrement.

Cependant le système des concessions et celui des travaux

(*) Il sera préférable sans doute , quand la civilisation sera plus avancée , que des récompenses nationales payent équitablement les inventeurs et mettent leurs inventions dans le domaine commun : nous n'en sommes pas là.

faits par le gouvernement, sont employés chez nous concurremment. C'est un état de choses bien vicieux. Comment en effet pourrait-on supposer qu'une administration, juge et partie en fait de travaux, eût toute la force et toute la vertu nécessaires pour qu'elle fût sévère avec les compagnies puissantes et juste avec les petites compagnies? Et si l'on est forcé d'admettre qu'elle se trouve dans une fausse position, ne faudra-t-il pas en conclure qu'elle doit à la longue discréditer elle-même la ressource précieuse qu'elle offre au pays?

Pour sortir de cette grave difficulté, il convient sûrement de donner quelques grands travaux de chemins de fer en concession, afin que les compagnies se trouvant obligées de montrer par de nouveaux résultats comment elles fonctionnent, les préjugés répandus disparaissent devant l'évidence des faits.

Si l'administration au contraire opérait seule, les fautes qu'elle ferait, fussent-elles toutes inévitables, seraient avantageuses aux préjugés existants en faveur des concessions.

Mais pour que des expériences si chères ne retardent pas trop le progrès de la prospérité générale, il importe avant tout de soumettre les compagnies à des cahiers de charges soigneusement étudiés. Ces cahiers de charges vont être l'objet du chapitre suivant.

CHAPITRE IV.

DES ACTES DE CONCESSION.

---

§ 44. *Sur l'objet de ce chapitre.*

Les actes de concession règlent les obligations et les droits des compagnies exécutantes. Ce sont ordinairement, ou des cahiers de charges rédigés par l'administration, ou des soumissions faites par les demandeurs de concession. Ces cahiers de charges ou ces soumissions sont convertis en lois ou en ordonnances par le gouvernement.

Quand il s'agit d'une concession très-importante, d'un chemin de fer de 100 millions, par exemple, un acte de concession devient un vrai traité de commerce, conclu, non pas avec une puissance existante et connue, mais avec une puissance que le pays crée, sans qu'il sache ni ce qu'elle doit devenir, ni ce qu'il doit attendre ou redouter d'elle.

Or, on conçoit que les actes de concession étant approuvés par la loi, et inviolables comme elle, tandis que les traités de commerce varient avec les besoins, ces actes demandent qu'on mette un soin extrême à leur rédaction.

Ce chapitre a pour objet de mettre, autant qu'on le peut, les articles les plus essentiels des cahiers de charges en harmonie avec l'utilité publique.

Dans ce travail, le dévouement des compagnies, les encouragements que le pays doit leur prodiguer, l'entière confiance avec laquelle il faut les laisser agir, ne seront pas pour nous des articles de foi. Nous nous souviendrons qu'il s'agit de marchés, et que la question est d'arriver à des stipulations claires, précises, justes, et qui ne puissent jamais, si c'est possible, devenir abusives.

§ 45. *Sur la législation des actes de concession.*

La législation des concessions est très-peu fixée. On va voir qu'elle n'est guère susceptible de l'être, et qu'elle présente de grandes bizarreries.

La concession du canal d'Orléans va nous fournir le premier exemple de ces bizarreries. L'édit de 1679, relatif à ce canal, porte que pour assurer au concessionnaire les avantages que méritent les travaux qu'il entreprend, l'exécution ultérieure de tout autre canal joignant la Seine à la Loire, est interdite (Delalande, p. 361). Les habitants des bords de la Nièvre, à la vue de cet édit, ont dû se figurer qu'on ne ferait jamais le canal du Nivernais. Cependant la ville de Paris ayant manqué de bois en 1783, on s'occupa de ce dernier canal, dont les travaux furent commencés en 1784. Il a dû sembler, d'après cela, que la législation avait changé et que le canal de l'Essonne, joignant la Seine et la Loire, s'ouvrirait sans opposition de la part des propriétaires du canal d'Orléans. Il n'en a pas été ainsi.

Un autre canal, celui de la Sensée, donne lieu en ce moment à des discussions analogues à celles que le canal d'Orléans a soulevées. Par la concession de ce canal (loi du 13 mars 1818), on a interdit l'exécution de *tout autre canal préjudiciable au canal de la Sensée, à dix lieues en tout* *sens de ce dernier*. Cependant le canal de Roubaix ayant été adjugé d'après la loi du 8 juin 1825, comme canal joignant la Deûle et la ville de Roubaix, le concessionnaire a sollicité l'autorisation de le prolonger jusqu'à l'Escaut, bien que les travaux à faire ne soient pas à dix lieues du canal de la Sensée, et qu'ils aient pour objet de créer une ligne rivale de ce canal. De là, de très-graves débats parmi les intéressés dans le département du Nord. Les uns croient que si l'utilité publique réclame le prolongement du canal de Roubaix, il faut regarder comme non avenue la clause qui, dans la loi de 1818, s'oppose à ce prolongement, quelque précise qu'elle soit, et quelque valeur pécuniaire qu'elle puisse avoir. D'autres pensent que la loi doit être religieusement observée. Enfin il y a des personnes qui croient qu'il faut autoriser, par une ordonnance, le prolongement du canal de Roubaix, et laisser aux tribunaux le soin de prononcer sur les contestations qui pourront survenir (*).

A chaque instant, les clauses des concessions nous offrent des exemples du peu de garanties qu'elles présentent. Ici le tarif, qui n'est autre chose que la stipulation du prix à payer par le pays, est changé avant l'achèvement des travaux (§ 8). Là, une concession limitée devient une concession perpétuelle (§ 7). L'expropriation, cette grande

___

(*) Il est incontestable que l'article 10 de la Charte domine la loi de 1818, et qu'en conséquence on peut exproprier, pour cause d'utilité publique, la compagnie du canal de la Sensée ; mais une ordonnance de concession qui renverrait les réclamations au jugement des tribunaux, concilierait-elle le respect dû à la Charte, les égards dus en vertu d'une loi à la position des actionnaires qui forment cette compagnie, et la sollicitude que les besoins du pays doivent inspirer ? Cette question nous semble nécessiter l'examen de considérations que nous croyons que l'on n'a pas encore pesées. Nous nous bornerons à faire remarquer ici que de pareils débats doivent contribuer beaucoup à faire apprécier le système des concessions à sa juste valeur, et que le rachat des canaux concédés, tel que nous le proposons chap. VI, ferait disparaître, en ce qui concerne le canal de la Sensée, les obstacles qui s'opposent au prolongement du canal de Roubaix, en même temps qu'il serait pour la France entière un immense bienfait.

mesure d'utilité générale , est mise à exécution pour le canal de Roubaix et pour le canal de la Corrèze à la Vézère , et il arrive que bientôt après on délaisse le dernier, et que le premier, qu'on n'a pas terminé comme on le devait, n'apparaît plus que comme un travail tout autre que celui que la loi prescrivait.

§ 46. *Durée des concessions.*

Concevons qu'un capital représenté par 20 soit placé à 5 p. 100 ; il donnera chaque année un revenu représenté par 1. Cela posé , considérons ce revenu à l'époque du placement ; il est clair que sa valeur annuelle 1 , ramenée à l'origine , diminuera de plus en plus à mesure qu'il s'agira d'une année plus éloignée. Ainsi , le capital qui s'accumule avec ses intérêts se doublant à peu près en 14 ans , l'intérêt 1 de la quatorzième année ne peut valoir que 0,50 environ à l'origine du placement, et celui de la vingt-huitième année que 0,25.

Le tableau de la page suivante donne , dans la deuxième colonne , et année par année , la valeur de l'intérêt 1 à l'origine du placement , laquelle est par exemple de 0,377 pour le revenu de la vingtième année.

La troisième colonne du même tableau donne , pour une année quelconque , comme la dixième, la somme 7,722 des nombres 0,952 , 0,907 , 0,864 , etc. , qui représentent , à l'origine du placement , les valeurs du revenu annuel 1 pour l'ensemble des première , deuxième...., et dixième années.

Enfin, on trouve dans la quatrième colonne les valeurs, toujours rapportées à la même origine , du capital qui représente les intérêts à échoir depuis une donnée jusqu'à la fin des siècles.

Années.	VALEURS, à l'origine du placement, du revenu égal à l'unité,			Observations.
	Pour une année donnée.	Accumulées jusqu'à une année donnée.	Accumulées indéfiniment, à partir d'une année donnée.	
0	0,	0,	20,	n étant un nombre d'une ligne de la première colonne, les nombres N, N′, N″, de la même ligne, dans les deuxième, troisième et quatrième colonnes, sont donnés respectivement par les équations : $$N = \left(\tfrac{20}{21}\right)^n,$$ $$N' = 20 - 20\left(\tfrac{20}{21}\right)^n,$$ $$N'' = 20\left(\tfrac{20}{21}\right)^n.$$
1	0,952	0,952	19,048	
2	0,907	1 859	18,141	
3	0,864	2,723	17,277	
4	0,823	3,546	16,454	
5	0,784	4,329	15,671	
6	0,746	5,076	14,924	
7	0,711	5,786	14,214	
8	0,677	6,463	13,537	
9	0,645	7,108	12,892	
10	0,614	7,722	12,278	
11	0,585	8,306	11,694	
12	0,557	8,863	11,137	
13	0,530	9,394	10,606	
14	0,505	9,899	10,111	
15	0,481	10,380	9,620	
16	0,458	10,838	9,162	
17	0,436	11,274	8,726	
18	0,416	11,690	8,310	
19	0,396	12,085	7,915	
20	0,377	12,462	7,538	
30	0,231	15,372	4,628	
40	0,142	17,159	2,841	
50	0,087	18,256	1,744	
60	0,054	18,929	1,071	
70	0,033	19,343	0,657	
80	0,020	19,596	0,404	
90	0,012	19,752	0,248	
100	0,008	19,848	0,152	
150	0,001	19,987	0,013	
200	0,000	19,999	0,001	
∞	0.	20.	0.	

Au lieu du capital 20, considérons le capital 1 ; nous aurons pour la valeur du revenu à recevoir, depuis une année donnée jusqu'à l'éternité, le vingtième du nombre correspondant à cette année dans la quatrième colonne du tableau dont il s'agit. L'ensemble des revenus qui échéront à partir d'une époque donnée, sera donc, savoir :

Après la	70ᵉ année de	. . . .	0,0328
Après la	80ᵉ	de	0,0202
Après la	90ᵉ	de	0,0124
Après la	100ᵉ	de	0,0076

Ce qui montre que les rabais correspondants à la réduction d'une concession, supposée d'abord perpétuelle, en concessions de plus en plus limitées, sont exprimés en nombres décimaux, pour une réduction de durée, savoir :

A 100 ans, par	. . . .	0,0076
De 100 à 90 ans, par	. . . . , . .	0,0048
De 90 à 80 ans, par	. . . .	0,0078
De 80 à 70 ans, par	. . . .	0,0126

D'où l'on voit qu'en passant de la concession perpétuelle à celles de 100, de 90, de 80 et de 70 ans, les trois premiers rabais sont de moins de huit millièmes du capital, et le dernier d'environ un centième et un quart de centième de ce même capital.

Or, en fait de travaux, comme on l'a vu précédemment (§ 36 et § 37), les compagnies sont bien loin de pouvoir faire leurs estimations à un centième ni même à un dixième près ; d'où il suit qu'une concession perpétuelle et une concession de 100 ans ne leur garantissent pas plus l'une que l'autre, à parler rigoureusement, un gain déterminé. Donc, à l'époque actuelle, où personne ne pense à se faire concessionnaire pour transmettre à ses descendants, comme si c'était un fief, un canal ou un chemin de fer, mais uniquement à gagner de l'argent, il n'y a aucune considération raisonnable qui puisse faire préférer la concession perpétuelle à la concession de 100 ou même de 70 ans.

Quant à l'État, c'est autre chose ; parce qu'il vit indéfiniment. Ainsi, pour nos neveux, il ne peut pas être indifférent que des concessions établies par les lois de notre époque soient perpétuelles ou limitées, que des voies de communication puissent être affranchies un jour de péages et d'entraves qui gênent le progrès, ou qu'elles soient engagées perpétuellement à des compagnies concessionnaires.

Et comme il n'y a pas d'homme qui ne s'intéresse à la prospérité future de son pays, nous poserons en principe qu'en France, où les idées féodales ont disparu, les concessions perpétuelles doivent être repoussées, et qu'on ne peut même accueillir ou demander aucune concession dont la durée soit de plus de 70 ans, puisque la différence de valeur d'une telle concession et de la concession perpétuelle n'est que d'environ trois centièmes.

§ 47. *Des concessions perpétuelles.*

Nous voudrions ne rien ajouter à ce que contient le précédent paragraphe sur les concessions perpétuelles ; mais c'est un objet important, sur lequel beaucoup de personnes sont encore dans une incertitude qu'il serait heureux de faire cesser.

Qu'est-ce qu'une concession pour l'entreprise, par exemple, d'un grand chemin de fer ? C'est un marché dans lequel le prix coûtant de l'objet à confectionner par la compagnie n'est guère susceptible d'une estimation exacte à 100 p. 100 près (§ 36). Et l'on remarquera qu'un tel marché donné lieu fréquemment, très-fréquemment, à une *lésion d'outre moitié :* cas prévu en Belgique, où il entraîne résiliation au profit du gouvernement (*).

Or, si l'on se demande sérieusement ce que sera devenu l'objet concédé après un demi-siècle, après un siècle, on verra qu'il n'est ni raisonnable ni possible d'obliger l'industrie à se coordonner éternellement dans ses progrès aux

(*) Non pas au profit des compagnies, car cela serait incompatible avec la condition, plus apparente que réelle (§ 51) qu'elles souscrivent, d'opérer à leurs risques et périls.

conditions d'un marché de travaux, et que, sous ce rapport, des concessions de 99 ans, comme celle du canal de la Sensée (§ 45), sont d'une durée déjà beaucoup trop longue.

§ 48. *De la concurrence dans les adjudications de travaux publics à concéder.*

Il est, comme on sait, très-difficile d'obtenir une concurrence réelle dans les adjudications d'entreprises ordinaires de travaux publics. Quand il s'agit de concessions un peu considérables, ces difficultés sont encore plus grandes, 1° parce que les hommes qui peuvent prendre part à de telles affaires sont en trop petit nombre et trop en évidence pour qu'ils ne soient pas avertis de leurs intentions mutuelles ; 2° parce qu'ils ont trop d'intérêt à ne pas s'entrenuire pour qu'ils ne se réunissent pas.

Les adjudications de concessions n'offrent donc au pays que de faibles avantages. Est-ce un motif suffisant de ne pas recourir à la concurrence ? Il nous semble que lors même qu'il serait prouvé qu'elle sera très-faible, cas qui ne peut pas se réaliser, les adjudications fourniraient encore le seul moyen avantageux et moral auquel on dût recourir pour opérer les concessions.

D'abord nous ferons observer qu'avec des conditions, non pas comminatoires, mais rigoureusement susceptibles d'être mises à exécution, comme celles que nous allons essayer de proposer, tout soumissionnaire qui fournira son cautionnement donnera des garanties réelles au public. Or, on sait que la rivalité peut amener un rabais immense (*). On doit donc recourir à la concurrence, et pour

---

(*) On a vu, dans des adjudications de travaux publics à concéder, des personnes que tout le monde connaissait comme devant concourir, ne présenter leurs soumissions que dans la dernière demi-minute du délai fixé pour la remise des offres. L'homme entendu à sur lui dans ce cas trois ou quatre soumissions ;

la faciliter on doit diviser autant que possible les objets à adjuger.

Et quant à l'avantage de suivre une voie morale, il couvient d'examiner avec soin le moyen qu'on peut substituer aux adjudications. C'est l'objet du paragraphe qui suit.

§ 49. *De l'admission des compagnies au choix du gouvernement.*

Il est incontestable qu'une compagnie subit, par la démission et le remplacement des hommes qui la dirigent, de si grandes métamorphoses que telle compagnie qui méritait le titre de respectable à une époque, peut devenir fort déméritante à une autre époque.

D'après cela, il faut reconnaître que les compagnies qui se présentent pour prendre des concessions ne peuvent pas être classées en méritantes et non méritantes (*), et que chacune d'elles ne donne à l'État, en toute rigueur, que les garanties qui découlent du cautionnement et du cahier des charges.

Or, comme il est probable qu'une compagnie, en fait de grands chemins de fer surtout, ne satisfera jamais bien à ses obligations envers le public, il s'ensuit que toute administration qui proposera d'admettre une compagnie sans concurrence engagera fortement sa responsabilité.

Il faut remarquer aussi qu'en France on n'estime pas les arrangements contractés en secret. Et comme une compagnie ne peut satisfaire à ses engagements qu'en surmontant

---

si aucun soumissionnaire ne se présente, il souscrit pour quatre-vingt-dix-neuf ans, et quelquefois un seul concurrent peut faire réduire sa demande à vingt ans.

(*) Il pourrait en être autrement si une compagnie se trouvait constituée de manière que les coïntéressés naturels (§ 33) fussent amenés à en faire partie. Les compagnies de prêteurs dont il s'agit § 67 sont sous ce rapport très-méritantes.

nombre d'obstacles, on doit penser que la considération générale dont elle a besoin lui manquerait, au préjudice du public et au préjudice des actionnaires, si elle devait son admission au choix des agents du pouvoir.

Il faut conclure de là, et du paragraphe précédent, que pour de très - grandes entreprises le choix des compagnies par le ministère, et l'adjudication avec concurrence et publicité, sont des moyens insuffisants l'un et l'autre pour garantir de bons résultats.

§ 50. *De la folle enchère, et du peu de valeur des mots* risques et périls des compagnies *dans l'état actuel des choses.*

Lorsque la loi investit une compagnie concessionnaire du droit d'exproprier, lorsqu'elle lui permet de changer toute la configuration d'une grande ligne de terrain, lorsqu'elle fait naître tout à la fois, par le fait même des travaux, de grandes espérances pour les industries qui doivent s'améliorer, des inquiétudes pour celles qui sont menacées, ce ne peut être qu'à la condition bien rigoureuse que, après un certain délai, le public jouisse des ouvrages projetés.

La compagnie doit donc être absolument obligée de pourvoir aux besoins de l'exécution dans ce délai.

Le moyen que l'on suppose propre à contraindre le concessionnaire à exécuter les travaux dans le délai voulu, consiste, dans le cas où il est en défaut, à réadjuger l'entreprise à sa *folle enchère*, et au profit du soumissionnaire qui donne à la compagnie déchue le plus haut prix du travail qu'elle a fait.

Mais de deux choses l'une, ou l'administration publique, en rédigeant le cahier des charges, aura pensé à ne pas laisser le temps, c'est-à-dire des années, s'écouler à peu près en pure perte pour les travaux , où elle n'y aura pas pensé.

Dans la première hypothèse , elle devra , sans se concerter avec l'ancienne compagnie , ce qui entraînerait des longueurs, procéder , aussitôt après l'expiration du délai fixé, à la réadjudication des travaux, lesquels devront être achevés dans un nouveau délai par la nouvelle compagnie. Mais quel que soit ce délai , cette dernière compagnie ne pourra éviter un procès difficile , car il faut bien admettre que la compagnie déchue, dans le but de mettre ses intérêts le plus possible à couvert , ne manquera pas d'avoir pour travaux faits, pour terrains acquis , etc. , de nombreux créanciers exposés en apparence aux conséquences d'une faillite, et qui se mettront à son lieu et place, comme prête-noms peu accommodants La nouvelle compagnie pourrait donc être dans une position qui rendît l'exécution beaucoup plus lente , beaucoup plus chère et beaucoup plus difficile qu'elle ne devait l'être au moment de la première concession.

Dans la seconde hypothèse , qui est celle que comportent les cahiers de charges en usage, l'administration se résigne à des pertes de temps indéfinies ; elle entend les premiers concessionnaires et règle une mise à prix.

C'est un nouveau cahier de charges à faire ; car enfin il faut fixer de nouveaux délais d'exécution, il faut déterminer la quotité d'un nouveau cautionnement , il faut constater l'état des choses , etc. , etc. , opérations qui peuvent soulever de longs débats.

Et comme la compagnie déchue aura pu rendre l'achèvement des travaux très-difficultueux , la rédaction de ce nouveau cahier de charges pourra devenir tellement embarrassante qu'il faille le faire à la convenance exclusive de l'ancienne compagnie , laquelle, sous un nouveau nom , reprendra la même affaire avec un délai plus grand. Ou bien il arrivera peut-être que les actionnaires soient si souvent appelés à prendre connaissance d'une foule d'arrangements projetés, que, de guerre las, ils adhèrent aux conventions que proposeront des gérants disposés à se lier à de nouveaux spéculateurs, à la charge d'un faible dédommagement accordé aux actionnaires de la première compagnie. L'administration publique elle-même pourra trouver heureux de décider ainsi la reprise des travaux.

Mais, dans tout cela, qui est-ce qui éprouve des pertes? C'est d'une part le public, que rien ne dédommage des retards qu'il subit ou peut subir, et, d'autre part, l'actionnaire qu'une folle-enchère si peu définie livre aux innombrables difficultés qui consomment la ruine de sa mise.

Les choses ne s'opèrent donc pas, comme les cahiers de charges le disent, aux *risques et périls* des concessionnaires, elles s'opèrent principalement aux risques et périls du pays.

Il en courra de si réels que l'administration, pour éviter la folle-enchère, consentira souvent à améliorer la concession par l'adjonction de nouveaux travaux, par des augmentations de droits, par des modifications de tracés, par la prolongation du délai d'exécution, etc., etc.

§ 51. *La folle-enchère doit être considérée dans deux cas qu'il est essentiel de distinguer.*

On vient de voir que la folle-enchère, comme on l'entend, ne donne au pays qu'une bien faible garantie. Il importe cependant que l'exécution s'opère avec une certaine promptitude. Pour assurer ce résultat, nous considérerons la folle-enchère dans deux cas.

Le premier est celui d'une compagnie qui, étant insouciante sur des engagements qu'elle sait être au-dessus de ses moyens, dissimule ses embarras, et laisse perdre un temps précieux qu'elle ne peut pas employer. On peut la comparer au négociant qui ne pouvant pas faire honneur à ses affaires voit empirer sa position, au préjudice de ses créanciers, sans déposer son bilan.

Le second cas est celui d'une compagnie qui a de la conscience et qui ne veut pas que ses embarras particuliers retardent la jouissance promise au public. C'est le cas du négociant honnête qui fait connaître sa position dès qu'il voit qu'elle est inquiétante.

Or, il faut que la compagnie soit forcée de se bien conduire, ce qui arrivera nécessairement si, dans le premier cas, on la traite avec rigueur, et si, dans le second, on lui laisse toutes les facilités possibles de réduire sa perte autant qu'il sera possible.

Cette justice paternelle est, comme on va le voir par les paragraphes suivants, d'une application très-facile.

§ 52. *Du dédommagement que doit avoir le public, en cas de folle-enchère, pour la durée trop prolongée des travaux.*

Le pays met son enjeu dans une concession en autorisant les tracés au travers des propriétés closes, en permettant l'expropriation, l'interruption des chemins, etc ,etc. : il est donc juste que sa jouissance lui soit garantie, et que dans le cas où cette jouissance ne se réalise pas à l'époque voulue il soit dédommagé.

On peut faire bien des propositions pour ce dédommagement ; voici les nôtres :

Si le délai d'exécution, lequel est nécessairement compris entre la date de la concession et la date de la réception définitive, est plus long d'un certain nombre de mois que le délai prescrit, nous proposons que chaque prix du tarif soit réduit dans la proportion de ce nombre de mois au nombre de mois du délai prescrit. Ainsi, dans le cas où ce délai serait par exemple de trois ans, et la durée de l'exécution de 40 mois, les prix du tarif seraient réduits d'un neuvième.

Ce moyen de fixer le dédommagement présente ce grand avantage, qu'aucun arbitraire n'est à craindre, ni pour la compagnie, ni pour le public, car l'application du tarif, défini par la loi de concession, comme il vient d'être dit, sera du ressort des tribunaux, lesquels n'auront jamais à rendre sur cet objet que des jugements si simples qu'aucune erreur n'en pourra résulter (§ 61).

§ 53. *De la folle-enchère dans le premier des deux cas indiqués § 51.*

Ce cas est celui où la compagnie mérite qu'on la traite avec toute la rigueur possible, faute par elle d'avoir pris loyalement les mesures nécessaires pour que l'exécution s'opère avec la moindre perte de temps possible.

Dans ce cas la déchéance, aux termes de l'acte de concession, devra résulter de ce seul fait, que l'arrêté autorisant l'emploi de l'ouvrage concédé ne sera pas affiché pour l'époque prescrite. Il y aura confiscation de travaux faits, et la réadjudication se trouvera ouverte dans un lieu et pour un jour fixés au cahier des charges. Cette réadjudication devra d'ailleurs être tranchée au profit du soumissionnaire qui demandera le moindre délai pour exécuter, et afin que tout s'opère d'une manière prévue, prompte et en usage, les conditions de la seconde adjudication devront être absolument les mêmes que pour la première. Enfin, l'adjudicataire, immédiatement après l'adjudication, sera de droit en possession de tous les ouvrages faits et de tous les magasins, bureaux, instruments, machines, papiers, etc., qui appartiendront à la compagnie déchue et dépendront de la concession.

Cela posé, admettons que le cahier des charges porte la

condition que les travaux seront toujours censés être faits par parties égales chaque mois.

D'après cette condition, et d'après le paragraphe précédent, si la nouvelle compagnie demande par exemple 24 mois pour achever les travaux, et que le délai d'exécution de la première compagnie ait été de 36 mois, il s'ensuivra que les travaux à faire seront supposés équivalents aux deux tiers de la totalité, que les travaux confisqués équivaudront au troisième tiers, et que les prix du tarif de la nouvelle compagnie seront les deux tiers de ceux du premier tarif.

Il résulterait de ces dispositions, 1° qu'il n'y aurait pas d'autre temps perdu que celui que la première compagnie aurait négligé d'employer ; 2° que l'administration n'interviendrait que pour adjuger ; 3° que la nouvelle compagnie n'aurait aucun besoin de se concerter avec l'ancienne, la visite des travaux et ateliers mis sous la protection de l'autorité, aussitôt la déchéance, permettant à chacun de juger d'un état de choses qui ne peut jamais être défini que par ses caractères physiques et la notoriété publique, attendu que les premiers concessionnaires ne manquent pas d'enlever à la concession tous les objets qui ne lui appartiennent pas manifestement.

Les nouveaux concessionnaires ne seraient cependant pas à l'abri de quelques procès pour obtenir tous les plans, tous les actes dépendants de la concession ; mais ces procès au moins seraient les plus simples possibles.

Au surplus, pour éviter ces procès, et pour prévenir l'enlèvement et la perte entière d'objets utiles, le cahier des charges pourrait dire que la nouvelle compagnie payerait à l'ancienne, à dire d'experts, la valeur de tous les objets mobiliers offerts par les anciens concessionnaires aux nouveaux.

Ceci nous conduit à reconnaître que la nouvelle concession ne pourra guère être adjugée qu'à une compagnie composée en partie des membres dirigeants de l'ancienne , car des concurrents absolument nouveaux ne connaîtraient pas la valeur des travaux faits, les meilleurs moyens de les continuer, en un mot l'état de l'affaire, aussi bien que les anciens administrateurs; d'où il résulte qu'une soumission rédigée avec le concours des lumières de ces derniers aura plus de chance qu'aucune autre d'être admise.

Mais n'oublions pas que la confiscation empêchera que le cas qui nous occupe se réalise. Passons à l'examen de l'autre cas , le seul, comme on voit, qui doive en général se présenter dans l'application.

§ 54. *De la folle-enchère dans le second des deux cas indiqués § 51.*

On peut dire que la confiscation pure , simple et entière des travaux faits , exercée contre une compagnie qui aurait exécuté , par exemple , les neuf dixièmes de ses ouvrages dans le temps voulu , est une mesure entachée de dureté. C'est vrai, et cette dureté, qui tient de l'injustice , serait très - désavantageuse ; car , ainsi qu'on vient de le voir , elle mettrait la compagnie qui craindrait la folle-enchère dans la nécessité de recourir à des actes simulés pour diminuer ses pertes , ce qui pourrait devenir fort embarrassant pour le prompt achèvement des travaux par la nouvelle compagnie.

Mais ce paragraphe va montrer que nos propositions mitigent la confiscation pure , simple et entière, en même temps qu'elles obvient aux inconvénients que nous venons de signaler.

Supposons, premièrement , que la compagnie soit autorisée à opérer elle-même, au moyen d'un notaire accrédité à cet effet, la réadjudication à sa folle-enchère , sans discontinuer ses travaux afin qu'elle éprouve moins de perte;

Secondement , que le cahier des charges porte que , dans

le cas où la compagnie s'exécuterait elle-même, en ce qui concerne la folle-enchère, la quotité de la confiscation ne sera pas de la totalité des travaux faits, mais seulement d'une partie de ces travaux proportionnée au retard d'exécution ;

Troisièmement, que la manière d'évaluer le travail fait en raison du temps employé pour le faire soit prescrite par l'acte de concession.

Il sera facile d'appliquer le calcul à la détermination du nouveau tarif, et à l'évaluation des droits des anciens concessionnaires dans la nouvelle compagnie.

Admettons qu'il lui ait été accordé 36 mois pour l'exécution ; admettons que le travail ait dû avancer d'un 36ᵉ par mois ; admettons enfin qu'au bout de 21 mois elle réadjuge, et que, au lieu des 15 mois qu'elle avait pour finir, la nouvelle compagnie en demande 24. La durée totale des travaux, qui devait être de 36 mois, sera donc de 45, et elle aura été rallongée de 9 mois, ou d'un quart de la durée primitivement fixée. D'un autre côté, puisqu'il faut 24 mois pour terminer les travaux, la réadjudication décidera que ceux qui sont faits correspondent à douze mois de travail, et que, en conséquence, ils sont du tiers de la masse. Or, la confiscation devant s'appliquer à ce tiers et être d'un quart, il en résultera que les prix du tarif de la nouvelle compagnie seront ceux du tarif de l'ancienne, réduits chacun d'un douzième.

Et l'on voit que les procès-verbaux d'adjudication se trouvant déposés dans une étude connue, les tribunaux et le public auront à leur disposition toutes les pièces nécessaires pour que le tarif réduit soit seul appliqué.

Il résultera de ces dispositions, que toutes les fois qu'une compagnie concessionnaire aura de la bonne foi, ou seulement de l'habileté, il lui suffira d'exécuter elle-même, et avec diligence, la réadjudication à sa folle-enchère, aussitôt qu'il sera clair qu'elle ne peut pas terminer dans le délai voulu, pour qu'elle n'éprouve qu'une perte aussi faible que possible.

Si, par maladresse, ou par mauvaise foi, elle ferme les yeux sur la nécessité de ne pas négliger ses travaux, elle aggravera par sa propre conduite la punition qu'elle devra finalement subir.

Et si elle laisse s'écouler le délai total qui lui était accordé, elle subira l'entière confiscation du travail fait; mais elle ne pourra s'en prendre qu'à elle.

§ 55. *Des réceptions.*

Il est bien rare que des travaux exécutés, même pour l'administration des ponts et chaussées, sous la surveillance d'ingénieurs soigneux, et par de bons entrepreneurs, n'aient pas des défauts nombreux qui introduisent dans les réceptions une foule de débats après lesquels, finalement, l'ingénieur est toujours plus indulgent qu'il ne devrait l'être.

Quand c'est une compagnie qui a fait exécuter, les difficultés sont bien plus grandes. Non-seulement la surveillance pendant l'exécution a pu être négligée, mais les auteurs des devis étant le plus souvent des spéculateurs intéressés à la diminution des dépenses, il n'est guère supposable qu'ils aient pu prescrire bien rigoureusement les conditions nécessaires à la solidité et au choix des matériaux. De plus, on remarquera que ces spéculateurs, en arrivant dans un lieu qui bien souvent leur est tout à fait inconnu, ne sont pas dans le cas des ingénieurs qui trouvent, pour monter un nouveau service, le secours de leurs camarades en résidence dans la localité, celui des conducteurs, piqueurs, etc., employés dans cette localité, enfin les devis des ouvrages antérieurement adjugés ou projetés dans le pays.

Il faut donc admettre que , en général, les travaux des compagnies ne sont pas réellement recevables.

S'ils sont cependant susceptibles d'emploi sans danger pour le public, que fera l'ingénieur chargé comme commissaire du roi de faire la réception ? Refuser cette réception purement et simplement , c'est différer la jouissance que le public attend ; c'est soulever des plaintes ; c'est jeter l'administration des ponts et chaussées elle-même dans des difficultés qu'elle redoute ; en un mot, c'est remplir consciencieusement un devoir que bien peu de personnes apprécient. D'un autre côté, recevoir un ouvrage mal fait et déclarer qu'il est bon , c'est quelque chose de bien difficile pour un homme qui se respecte.

Dans cet embarras , un ingénieur sévère est ordinairement requis, pour la tranquillité du public et l'honneur de la compagnie, de déclarer au moins , dans un procès-verbal , que l'ouvrage dont il refuse la réception, à cause de ses vices d'exécution, est cependant susceptible de servir.

On croira sans doute qu'une pareille pièce est à peu près inutile pour la compagnie : on sera dans l'erreur. Cette pièce, par le fait, sera équivalente au certificat de réception.

Effectivement, le public sera pressé de jouir ; il ne sera pas difficile d'obtenir de lui des réclamations , et l'autorité décidera que provisoirement , aucun danger n'étant à craindre, l'ouvrage est livré à la circulation. Ainsi la compagnie sera en jouissance ; les droits de péage seront perçus ; les usages nouveaux s'établiront , et il sera bientôt impossible d'empêcher la compagnie de continuer à user d'un ouvrage qui sera cependant loin d'avoir la perfection qu'il devait avoir. Il servira comme s'il était reçu.

Or , c'est un grand malheur pour un pays que de payer, comme bien faites, des voies de communication qui mal établies sont longtemps et quelquefois toujours défectueuses.

§ 56. *Des conditions propres à donner aux réceptions la sévérité qu'elles sont censées avoir.*

Il suit de ce que nous venons d'exposer, dans le précédent paragraphe, qu'il est de la plus haute importance d'insérer dans les cahiers de charges des conditions propres à empêcher que les réceptions ne deviennent des formalités illusoires.

Parmi les diverses propositions que l'on peut faire à cet égard, voici celles que nous hasardons.

Premièrement, il faudrait que la réception, faite au plus tard à l'expiration du délai d'exécution, pût être, savoir : *définitive* quand les travaux seraient reçus, et *provisoire* quand ils ne seraient pas reçus, mais que l'ouvrage fait serait déclaré susceptible d'être employé ;

Secondement, que pour percevoir le péage il fallût que préalablement les procès-verbaux de réception eussent été déposés chez un notaire accrédité à cet effet, de telle sorte que le public intéressé pût toujours connaître ces procès-verbaux ;

Troisièmement, que si le dernier procès-verbal ne constatait qu'une réception provisoire, la compagnie, jusqu'à ce qu'elle obtînt la réception définitive, ne pût percevoir les droits qu'en subissant une réduction que nous supposerons d'un dixième sur le tarif convenu ;

Quatrièmement, que dans le cas où les travaux ne seraient pas mis dans le premier mois en état de réception définitive, la réduction du dixième fût augmentée de sa douzième partie pour chaque nouveau mois de retard ;

Cinquièmement, que si la réception définitive était délivrée avant que la réduction fût arrivée à être du tiers du tarif, la moitié par exemple de la réduction opérée jusque-là fût acquise au public pour toute la durée de la concession, comme dédommagement d'une jouissance qui devait être satisfaisante, et qui était entreprise aux risques et périls des concessionnaires ;

Sixièmement, que si les retards de réception se prolongeaient de façon que la réduction du droit se trouvât d'un tiers des chiffres du tarif, l'administration des ponts et chaussées dût adjuger à la folle-enchère de la première compagnie l'exploitation de l'ouvrage fait ;

Septièmement, que dans ce cas l'adjudication portât sur le délai demandé par la nouvelle compagnie pour mettre les travaux en état de réception ;

Huitièmement enfin, que suivant ce délai, et d'après le cahier des charges, le dégrèvement de tarif destiné à dédommager le public, et la part à prendre par l'ancienne compagnie dans la recette des droits, se trouvassent déterminés.

On peut imaginer qu'il ait été stipulé au cahier des charges que la durée des travaux étant par exemple de trente-six mois, la part de l'ancienne compagnie serait d'un nombre de trente-sixièmes égal au nombre trente-six lui-même diminué du nombre de mois exprimant le délai demandé par la seconde compagnie, et que le dégrèvement du tarif serait de la moitié ou du tiers de la perte de la première compagnie. On voit qu'alors cette compagnie serait traitée d'autant plus sévèrement, que les choses, par sa faute, se trouveraient dans un plus mauvais ordre.

Il est clair d'ailleurs qu'en laissant à la première compagnie la faculté de s'exécuter elle-même, comme nous l'avons proposé plus haut (§ 54), elle pourrait éviter les pertes de temps susceptibles d'empirer sa situation, et que rien ne s'opposant à ce qu'elle souscrivît une soumission en son propre nom, elle ne serait forcée de subir, en définitive, que la réduction de tarif établie par la concurrence

§ 57. *Du choix des ingénieurs chargés de faire les réceptions.*

Les réceptions, au moyen des conditions proposées plus haut, cessant d'être des actes presque illusoires, et devenant au contraire des actes fort importants, il sera nécessaire que le choix des ingénieurs qui exerceront les fonctions de commissaires du roi chargés des réceptions ne puisse présenter aucun arbitraire dangereux.

On pourvoirait peut-être à ce besoin en accordant aux compagnies exécutantes un certain droit de récusation, et en décidant qu'après l'exercice de ce droit le commissaire serait choisi par la voie du sort, parmi les ingénieurs en chef des départements intéressés et des départements limitrophes.

On pourrait ajouter encore que ceux de ces ingénieurs qui n'auraient pas au moins deux ou trois ans de résidence dans la localité ne pourraient pas être commissaires.

Il faudrait certainement employer des moyens comme ceux que nous venons d'indiquer, si l'on voulait absolument opérer avec sévérité ; sans cela il y aurait trop de prétextes de plaintes fondées ou non fondées.

§ 58. *De la résiliation.*

Pendant la durée des travaux d'une compagnie concessionnaire, cette compagnie peut d'elle-même résilier son marché, soit en abandonnant son cautionnement, sans faire aucun travail, soit en encourant la folle - enchère, après avoir exécuté plus ou moins de travaux. Pourquoi le gouvernement n'aurait-il pas aussi, à certaines conditions, le droit de rompre l'acte passé entre lui et la compagnie ?

Ce droit est fort naturel, car les concessions étant fondées sur le principe de l'utilité publique, elles doivent céder devant ce principe : c'est-à-dire qu'une concession ne doit pas pouvoir continuer d'exister lorsqu'elle s'oppose manifestement au bien général. Ainsi, lorsque le péage trop élevé du canal de Givors obligeait à s'occuper de la construction d'un chemin de fer à côté (§ 8), il y avait utilité publique à résilier la concession de ce canal.

Il y a aussi nécessité de résilier quand, par des circonstances quelconques, le public est dans l'impossibilité absolue d'obtenir de la compagnie qu'elle satisfasse à quelques-uns de ses engagements. S'il arrivait, par exemple, qu'un concessionnaire se fût engagé à faire tous les transports, quels qu'ils fussent, qui pourraient se présenter, et que leur nombre se trouvât dépasser toutes les prévisions, de telle sorte que l'exécution de cette condition fût matériellement impossible, il est clair que l'acte de concession serait rompu, et que la clause de résiliation ne serait que l'indication d'une chose forcée.

Il est donc tout à fait essentiel d'insérer dans les cahiers de charges les conditions suivant lesquelles doit s'opérer la résiliation.

Pour cela, il suffit de deux chiffres, faciles à fixer dans toute concession franchement comprise ; l'un, c'est le prix auquel on voudra faire monter l'estimation des travaux, l'autre, c'est le profit qu'il semblera juste d'accorder à la compagnie. Les travaux étant estimés, par exemple à 100 millions, et le profit à 50 p. 100, l'ouvrage serait rachetable immédiatement après la réception, pour 150 millions. Et si c'était vingt ans après qu'on voulût le racheter, il ne s'agirait que de tenir compte de l'intérêt de l'argent et de la durée de la concession. Si on la supposait limitée à soixante-dix ans, la somme à payer correspondrait à cinquante années de jouissance et serait de 7,500,000 fr. $\times$ 18,256 (§ 46), ou de 136,920,000 fr.

§ 59. *Des subventions.*

Pour qu'il soit facile de trouver des compagnies exécutantes, on a proposé que le gouvernement intervînt dans les frais d'exécution par le don d'une somme.

Mais comme les travaux coûtent plus aux compagnies qu'à l'administration (§ 38), on pourrait arriver à cet étrange résultat, que le gouvernement eût donné une partie considérable des fonds dont il aurait eu besoin pour exécuter lui-même, que la compagnie n'en fût pas moins seule et unique propriétaire, et que l'affaire étant mal administrée les actionnaires fussent en perte.

Il est clair d'ailleurs que le gouvernement ne peut pas donner ses fonds sans en surveiller l'emploi, sans quoi rien n'empêcherait que les gérants de la compagnie ne les employassent en salaires de gens inutiles, en payement de bâtiments de luxe, etc.

Nous n'admettrons donc pas que les compagnies puissent être aidées par des secours de fonds donnés par l'État pour l'exécution.

Il y a un autre moyen, dira-t-on, d'encourager les compagnies, c'est que le gouvernement garantisse aux actionnaires un *minimum* d'intérêt.

Cet autre genre de subvention ne soutient pas plus l'examen que le premier. En effet, l'État ne peut raisonnablement être amené à dire : Vous ferez, en fait d'exécution, d'exploitation, etc., toutes les fautes que vous voudrez ; vous emploierez si cela vous convient de mauvaises machines que vous payerez cher, de mauvais agents auxquels vous donnerez de gros traitements, et je serai là pour compléter un revenu que vous aurez probablement réduit à bien peu de chose.

Il est donc évident que le système des subventions, surtout pour les chemins de fer, met trop fortement les chances d'une entreprise à la charge du pays pour qu'il soit nécessaire d'entrer ici dans plus de détails.

§ 60. *Des rabais.*

Le rabais porte ordinairement sur la durée de la concession ; il n'est alors d'aucun avantage pour la génération contemporaine.

Il serait préférable sans doute de fixer la durée de la concession sur la quotité des prix du tarif. Ces prix, il est vrai, pourraient devenir fractionnaires, mais cette conséquence se trouve inévitable si l'on adopte les réductions de tarif que nous avons indiquées pour les cas de folle-enchère et de retards de réception. D'ailleurs, on remédie suffisamment à cet inconvénient en insérant au cahier des charges la condition que les droits à percevoir seront arrondis, soit au profit du public, soit au profit du concessionnaire de manière à éviter les fractions.

§ 61. *Des réductions qui conduisent aux prix définitifs du tarif.*

Ces prix se trouveront toujours déterminés par des actes authentiques, savoir : la loi de concession, les procès-verbaux d'adjudication répétée ou non répétée pour folle-enchère, et les procès-verbaux de réception.

Toutes les réductions résultantes de ces divers actes devront être additionnées, et leur somme donnera la réduction totale qui devra être appliquée à chacun des prix du tarif de l'adjudication première.

§ 62. *Des avantages moraux qui doivent résulter des réductions de tarif relatives au rabais, à la folle-enchère et aux réceptions.*

Le rabais, la folle-enchère en cas que les engagements pris ne soient pas réalisés, enfin le refus de réception définitive en cas de mauvaise exécution, entraînant des réductions de tarif qu'on ne pourra pas éluder, puisque les questions de péage découleront d'actes authentiques que les tribunaux feront respecter (§ 52, § 54 et § 61), le public intéressé directement au bas prix des transports aura les yeux sans cesse ouverts sur toutes les phases des concessions, ce qui devra donner aux opérations une direction franche et loyale que réclame toujours un heureux succès.

Ainsi, au moment des adjudications, les menées qui tendraient à éteindre la concurrence seront observées, et si l'adjudicataire en profitait ce serait une tache dans sa conduite, ce serait un vol fait au pays, et la compagnie, sous peine d'être poursuivie par une réprobation générale, se verrait obligée de réparer par une conduite régulière la perte qu'aurait subie sa réputation.

De même, en fait d'activité des travaux, chacun ayant la certitude que la concession n'est pas un leurre, et que le cahier des charges prescrit des mesures efficaces d'exécution, le public suivrait avec intérêt les progrès du travail. On se demanderait si l'ouvrage concédé sera fini pour l'époque prescrite, et l'on n'oublierait pas que dans le cas contraire on a droit à une diminution des prix de transport.

Enfin, l'attention générale se porterait sur les malfaçons qui pourraient amener des refus de réception définitive, et conséquemment l'abaissement du tarif. La compagnie verrait donc dans la réception un acte d'une haute importance, et son intérêt lui ferait comprendre qu'il faut qu'elle ait à demander à l'ingénieur commissaire du roi, non de la complaisance, que l'opinion publique flétrirait, mais de l'équité.

Et l'on remarquera que cette moralité introduite dans le système des concessions tend à lui donner de la vie. Nous croyons donc que les hommes véritablement honorables et à talents réels, qui veulent créer des compagnies exécutantes, nous sauront quelque gré de notre travail.

CHAPITRE V.

DES EMPRUNTS QUI ONT POUR OBJET LES TRAVAUX PUBLICS.

---

§ 63. *Des emprunts en général.*

Il y a beaucoup de choses à dire contre les emprunts. Ils offrent au gouvernement des moyens faciles de se procurer de l'argent, et quand cet argent n'est pas employé à des objets d'une certaine utilité, l'Etat s'endette, et l'impôt ne suffit plus pour l'acquittement des charges.

Il peut arriver même qu'en employant un emprunt à des objets utiles, on le fasse dans un système vicieux, ou qu'en étendant mal le cercle d'utilité dans lequel on devrait opérer, on fasse des choses si peu urgentes relativement à d'autres, considérées dans l'ensemble des besoins du pays, qu'en définitive il eût mieux valu ne pas faire l'emprunt. C'est ce dont on va voir un exemple dans le paragraphe qui suit.

Mais de ce que les emprunts sont mauvais dans certains cas, il ne s'ensuit pas qu'ils soient mauvais toujours, ni conséquemment que ce soit une ressource dont il ne faille jamais user.

Ils permettent qu'une dépense considérable et urgente puisse n'être acquittée que petit à petit , et c'est un avantage immense. Et quand ils s'appliquent à des opérations d'une grande utilité , comme à des voies de communication propres à accroître considérablement la richesse nationale et les recettes du trésor , ils peuvent devenir convenables et opportuns.

Ils le deviennent en effet lorsque , dans de tels cas , on les demande aux véritables intéressés , ainsi que nous allons le proposer dans ce chapitre.

§ 64. *De l'emprunt de 93 millions fait d'après les lois*
du 14 août 1822 , pour les canaux.

Les cinq soumissions acceptées pour cet emprunt sont du 4 avril , jour où le cours de la rente portait l'intérêt payé par le trésor à 5^{f}.86 p. 100.

Les intérêts souscrits par les prêteurs sont de 5,10 à 5,62.

Il a été accordé aux titulaires , comme remboursement de faux-frais , une prime d'un demi pour cent , payable à partir de l'achèvement des travaux jusqu'au moment où le capital emprunté sera amorti. Cette prime est un objet de 4,650,000 fr.

Le gouvernement s'est engagé à terminer les travaux en dix ans.

L'amortissement doit s'opérer au moyen du payement annuel d'un pour cent du capital.

Dans les années où il y aura un produit net, on usera de ce produit pour amortir l'emprunt avec plus de promptitude, et pendant les quarante ans qui viendront après l'amortissement, ce même produit net sera partagé entre la compagnie et le gouvernement.

Cet emprunt a été fait avec concurrence et publicité. Voici comment les choses se sont passées.

Divers banquiers, à Paris, préparaient des soumissions ; c'était connu de tout le monde. Chaque particulier qui voulait participer à l'affaire allait se faire inscrire chez tous ces banquiers, de sorte que ce particulier se trouvait assuré d'être au nombre des prêteurs, quelle que fût celle des soumissions pour lesquelles il avait donné sa signature qui méritât d'être préférée. Et quant à la quotité du rabais, on ne s'en inquiétait pas, tout signataire des soumissions comprenant qu'il pouvait se confier avec toute sécurité à l'habileté d'hommes tout à fait en évidence qui devaient se ménager mutuellement.

Mais ce qui rend surtout un tel emprunt bien dangereux, c'est la condition de terminer les travaux en dix ans, car elle conduit les prêteurs à souhaiter que l'exécution soit ralentie, afin que le gouvernement soit obligé de transiger avec eux pour un dédommagement à leur allouer.

Ce n'est pas tout, l'intérêt servi, le dédommagement en question payé, toutes les autres conditions satisfaites, le pays se trouve encore obligé de supporter l'inconvénient immense d'un tarif quelquefois absurde (§ 7, § 9 et § 10).

Toutefois, il faut le reconnaître, la concurrence et la publicité ont empêché que ces emprunts ne fussent aussi onéreux au trésor que ceux que l'on avait acceptés sans concurrence aucune en 1821, notamment pour les canaux de la Somme et des Ardennes.

Mais était-il bien convenable de donner à tous ces marchés le nom d'*emprunts ?* Il faut remarquer qu'ils constituent aux compagnies, sur les ouvrages à exécuter, non pas une simple hypothèque, mais des droits de propriété consistant en usufruits pour lesquels le gouvernement s'engage en qualité d'entrepreneur, assumant sur lui toute la responsabilité. D'après cela il nous paraît que les bailleurs de fonds, au lieu d'être purement et simplement des prê-

teurs, sont de véritables concessionnaires, et que c'est le
système des concessions, débarrassé de tous risques et périls à la charge des concessionnaires, qui a bien réellement donné aux emprunts de 1821 et de 1822 les plus
graves défauts qu'on peut leur reprocher.

On pouvait craindre que le besoin d'avoir des chemins
de fer ne fît surgir à l'époque où nous sommes des combi-
naisons pareilles à celles de 1822 ; il n'en est pas ainsi, parce
que la France a fait de grands progrès. Il faut cependant
se prémunir contre les inconvénients qui pourraient résulter d'erreurs nouvelles, et il sera bon de profiter des
fautes faites pour poser ici quelques principes.

§ 65. *Il ne faut insérer, dans les cahiers de charges des
emprunts à faire pour les voies de communication,
aucune clause qui donne aux prêteurs des droits sur la
fixation des tarifs ou sur la durée des travaux.*

En effet, les tarifs, comme nous les entendons (§ 4),
ayant pour objet de ménager, sans trop la ralentir, la
transition d'un état industriel à un autre, et de donner un
produit le mieux réparti possible entre les citoyens, il faut
que le gouvernement soit indépendant des prêteurs pour
ordonner au besoin la modification des péages.

Il faut de même qu'on ne donne aux prêteurs aucun
avantage financier dépendant de l'achèvement des ouvrages
pour une époque donnée, à moins qu'on ne veuille être
forcé, le cas échéant, de leur payer d'énormes indemnités,
dont l'appât les intéresserait quelquefois à la lenteur de
l'exécution.

D'ailleurs, à quoi servent tous ces prétendus encouragements, dont quelques-uns ressemblent à des avantages
de loterie ? Il est clair qu'ils entraînent le public dans un
système d'espérances vagues profitables à l'agiotage ; il est
clair qu'ils compliquent les actes d'emprunt et empêchent

que tout le monde ne les comprenne, ce qui diminue la concurrence ; enfin, il est clair qu'ils n'ajoutent rien à la possibilité d'un emprunt plus ou moins cher, puisque la stipulation du payement d'un l'intérêt convenu jusqu'à l'époque où l'amortissement sera terminé, et celle de l'hypothèque offert par l'ouvrage à exécuter suffisent pour cela.

§ 66. *Des compagnies de prêteurs ; si elles satisfont mieux aux besoins des actionnaires que les compagnies exécutantes.*

De quoi se compose la masse des actionnaires des compagnies exécutantes ? Principalement d'hommes qui cherchent à placer avantageusement des fonds, et qui quelquefois veulent aussi contribuer à hâter l'exécution d'un ouvrage qui doit leur être utile. Or, de tels hommes, délibérant dans une assemblée d'actionnaires, sauront-ils ce qu'il faut résoudre en fait de souterrains, de ponts, de terrasses, d'entreprises, d'expropriations, de réceptions, etc. ? Non, sans doute. Ils seront en général tout à fait étrangers à ces choses-là, et si leur qualité d'actionnaires les oblige à s'en occuper, ils exerceront un métier qu'ils ne connaissent pas, et feront continuellement des fautes préjudiciables à eux et au public.

Donc, pour obtenir convenablement le secours des véritables intéressés à l'exécution d'un ouvrage, il ne faut pas les placer dans la situation où se trouvent les actionnaires des compagnies exécutantes.

Et comme les personnes qui placent des fonds dans les travaux publics ne doivent en général être mues que par deux motifs, trouver un bon intérêt de leur argent et faire prospérer l'industrie, il faut les mettre dans une position où ils n'aient à faire usage que des connaissances que comportent ces deux motifs.

Or, pour cela, il faut qu'ils forment, non pas des compagnies exécutantes, mais uniquement des compagnies de prêteurs. C'est ce que les paragraphes suivants vont développer.

§ 67. *De la formation possible et simple d'une compagnie de prêteurs.*

Imaginons que le gouvernement ait fait connaître que pour exécuter tel ouvrage, par exemple, le chemin de fer de Lyon à Marseille, il est ouvert un emprunt dans les départements traversés par ce chemin ;

Que les souscriptions seront reçues chez les receveurs généraux et chez les receveurs particuliers, moyennant qu'elles soient faites par actions d'une somme déterminée, et que le versement du montant de ces actions soit garanti par les négociants, banquiers, notaires, etc., qui signeront les engagements ;

Qu'à cet effet, lesdits négociants, banquiers, notaires, etc., peuvent recevoir les souscriptions de détail qui leur seront offertes, aux conditions que chacun d'eux voudra établir pour la gestion des intérêts de ses commettants ;

Que les préfets, sous-préfets, maires, etc., sont chargés de faire connaître à la population l'empressement qu'elle doit mettre à s'aider elle-même pour qu'elle soit aidée par le gouvernement, dans le but d'obtenir le chemin en question ;

Que toutes les opérations de recette et de payement entre l'État et les négociants, banquiers, notaires, etc., souscripteurs nominaux de l'emprunt, seront faites aux frais du gouvernement, au moyen du ministère des finances et des administrations qui dépendent de ce ministère, dans les formes ordinaires à son usage ;

Que pour chaque action il doit être stipulé un intérêt fixé par le souscripteur à sa volonté ;

Que pour chaque département, à une époque indiquée, le préfet fera connaître la somme offerte, et la somme des intérêts annuels demandés, ce que déterminera la moyenne de l'intérêt pour ce département ;

Que le ministre, réunissant les tableaux des receveurs généraux, fera connaître le montant total des sommes offertes, et l'intérêt moyen demandé par l'ensemble des prêteurs ;

Que si ces sommes s'élèvent trop haut, on en retranchera les souscriptions stipulées aux intérêts les plus élevés ; etc., etc.

Ces opérations étant faites, supposons que l'emprunt, montant à telle somme avec tel intérêt moyen, soit effectué en conséquence d'une loi, à la charge du remboursement dont il va être question dans le paragraphe suivant, et que les souscripteurs des actions soient à cet effet constitués en une compagnie composée d'autant de sociétés qu'il y a de départements intéressés. Il est clair que tout le travail fait sera d'une grande simplicité. Il est clair qu'il n'y aura que de faibles frais à payer par les particuliers qui auront demandé aux négociants, banquiers, notaires, etc., de faire leurs affaires pour une participation de cinq ou six cents francs qu'ils mettront dans une part d'action.

Il est clair que les hommes éclairés, intéressés à voir l'argent se répandre dans la localité par les travaux, feront de grands efforts pour que les souscripteurs soient nombreux.

Il est clair que les notaires, les banquiers, etc., s'adresseront à leurs clients et les stimuleront par le moyen de prospectus qui, se perfectionnant les uns par les autres, amèneront des usages de gestion simples et justes.

Il est clair que le travail financier à demander aux agents du gouvernement ne grèvera pas le trésor d'une dépense notable, et que ce travail ne pourra être fait par aucune compagnie de banquiers, ni plus sûrement, ni plus exactement, ni à plus bas prix que par l'État.

Cela posé, passons à l'examen du remboursement des capitaux empruntés.

§ 68. *Du remboursement des fonds empruntés à la compagnie de prêteurs dont il vient d'être question.*

Supposons qu'un tarif transitoire graduellement décroissant (§ 4) soit établi sur les transports à opérer au moyen de l'ouvrage auquel on a destiné les fonds de l'emprunt.

Si le produit de ce tarif suffit pour payer l'intérêt du capital emprunté et pour amortir ce capital, le problème du remboursement sera résolu.

S'il ne suffit pas, le tarif étant arrivé par le décroissement annuel à un taux moyen qui paraisse convenable, on maintiendra le péage à ce taux pendant un nombre d'années convenable pour que, le décroissement étant ensuite repris, on achève d'amortir le capital emprunté avant que le tarif soit éteint.

Et remarquez que si l'on s'apercevait dans les dernières années qu'on n'aura pas de produits assez forts pour compléter l'amortissement, on aurait la ressource de suspendre de nouveau le décroissement du tarif pendant un certain temps.

Or, si l'on admet qu'une compagnie ait pu se rembourser de ses avances par la concession de l'ouvrage dont il s'agit, il s'ensuivra qu'à plus forte raison on amortira le capital emprunté ; car, premièrement, l'exécution coûtera moins au gouvernement qu'elle ne coûterait à une compagnie (§ 38) ; secondement, on se rendra compte de la circulation, non pas par supposition, mais par le fait, et, selon ce qu'elle sera, on maintiendra le tarif au taux convenablement élevé pour que les recettes s'élèvent dans un nombre d'années donné à une somme suffisante.

On verra § 115 un exemple de cet amortissement.

§ 69. *Des secours que l'on doit attendre des départemens intéressés et du budget de l'État pour opérer le remboursement du capital emprunté.*

Les importations et exportations étant facilitées dans les départements traversés par l'ouvrage dont il s'agit, il s'ensuit que l'exécution de cet ouvrage augmentera les revenus d'octroi des villes, les produits des centimes additionnels et départementaux, enfin les revenus du trésor.

Il est donc juste que les villes, les départements et le budget contribuent au remboursement du capital emprunté.

Si l'on décidait en principe que ces contributions seront seulement de la moitié des augmentations de recettes dues à l'ouvrage fait, et que pour évaluer cette moitié il sera fait des calculs comme ceux dont nous donnons les exemples dans le chapitre II de cet écrit, on arriverait à connaître approximativement cette moitié (*), laquelle, comme on peut le voir par le chapitre qui suit, serait d'un secours immense pour hâter l'extinction des péages.

§ 70. *Moyen d'avoir une concurrence réelle dans les emprunts et d'obtenir de fortes cotisations locales.*

L'espèce d'emprunt qui nous occupe a l'avantage de s'adresser directement aux véritables intéressés du pays traversé par la voie de communication à créer ou à améliorer. C'est ce qui permet, comme on va le voir, de les stimuler vivement et de les amener à être modérés dans le taux des intérêts qu'ils peuvent demander.

Pour cela, il suffit que le gouvernement ait le soin de

____

(*) Voyez la note mise au bas de la page 28.

proposer des emprunts pour des travaux à faire dans des contrées différentes, et qu'il annonce qu'il n'exécutera que ceux de ces travaux dont les fonds seront offerts à un taux d'intérêt peu élevé.

Il pourrait même, avec les renseignements qu'il a toujours à sa disposition sur les moyens et les ressources de chaque localité, indiquer les motifs propres à déterminer le taux *maximum* de l'intérêt à demander.

Les choses étant annoncées à l'avance, les souscriptions n'étant reçues qu'à une certaine époque, tous les intérêts seraient en jeu ; tels individus conviendraient de souscrire à 4 p. 100, d'autres à 3, et l'on verrait de riches particuliers, comprenant bien les avantages qu'ils auraient à attendre de grands et utiles travaux, faire des dons pour que de tels travaux s'exécutassent dans leur pays plutôt que dans un autre.

Les mêmes mesures amèneraient les conseils généraux et municipaux à voter des fonds pour payer l'intérêt et servir l'amortissement de l'emprunt.

La manière d'évaluer les avantages à attendre de l'ouverture d'une nouvelle voie assujettie seulement à des tarifs transitoires se perfectionnant, les votes et les souscriptions pour les emprunts nécessités par l'exécution des travaux utiles, deviendraient une chose usuelle, à laquelle chacun prendrait part avec confiance et sécurité.

§ 71. *Engagement à prendre par le gouvernement pour le service d'exécution.*

Dans l'exposé de l'administration aux départements intéressés à un emprunt, on indiquerait l'organisation présumée du service d'exécution.

Ainsi, quant aux ingénieurs qui devraient être attachés aux travaux, il faudrait s'engager à faire connaître les lieux où ils auraient déjà résidé, les ouvrages qu'ils auraient faits, et chaque année les motifs des récompenses et de l'avancement qu'ils auraient obtenus; car ces mesures, à l'époque actuelle, sont nécessaires pour donner au pays la certitude de voir le service conduit avec promptitude, économie, solidité, convenance.

Il faudrait également faire connaître au public les opérations faites par entreprise ou par régie, le compte des dépenses et les noms des agents qui auraient été régisseurs (*).

En un mot, il faudrait prendre si bien à cœur la bonne exécution qu'on ne redoutât nullement, et même que l'on souhaitât de soumettre franchement au contrôle du pays tous les détails du service. L'administration, par-là, ne perdrait nullement de sa force, tout au contraire.

§ 72. *Création de syndicats départementaux et d'un syndicat central chargés de surveiller les opérations d'art et de finance relatives aux travaux.*

Les actionnaires de l'emprunt, dans chaque département, nommeraient les membres d'un syndicat départemental (**).

Chaque syndicat départemental nommerait un certain nombre de ses membres pour faire partie d'un syndicat central, siégeant dans celui des départements intéressés qui serait le plus propre à la représentation de l'intérêt social.

(*) On pourrait donner aux régies toutes les garanties et même plus de garanties que n'en donnent les adjudications, en employant, comme on l'a fait au canal du Centre, le système d'affiches, que nous avons proposé chapitre III de l'écrit intitulé : *Améliorations à introduire dans les ponts et chaussées.* Ce serait d'un très-grand avantage pour exécuter bien et vite avec des ingénieurs zélés. (*Voyez* la note 4.)

(**) Il serait peut-être convenable que les actionnaires non résidents ne pussent pas participer à l'élection, sans quoi des intérêts de spéculation étrangers au bien du pays pourraient devenir dominants.

Ces syndicats s'assembleraient à des époques convenues. Ils donneraient leur avis sur les travaux , sur les entreprises, sur la nécessité de suspendre ou de hâter le décroissement des tarifs , sur les produits , sur l'amortissement , etc.

Ils feraient imprimer leurs observations, et elles serviraient de renseignements précis et bien élaborés sur lesquels les conseils généraux auraient à délibérer.

Les services qui se payent en argent étant ceux qui coûtent le moins , les dépenses des syndicats , jusqu'à concurrence d'une certaine somme , seraient soldées conformément à un article du cahier des charges de l'emprunt.

§ 73. *Des récompenses à allouer à l'occasion des emprunts.*

Le principe s'est établi que les capitalistes qui prennent part aux concessions méritent la reconnaissance du pays , et qu'il est à souhaiter qu'ils soient récompensés et leurs imitateurs encouragés par de grands bénéfices. Ce principe peut en général se traduire ainsi : Lorsque des spéculateurs auront exécuté des travaux publics , il conviendra que le pays leur paye ces travaux deux fois, quatre fois, ce qu'ils vaudront. Il est clair qu'on ne doit pas admettre cette théorie. D'ailleurs on remarquera que si une compagnie exécutante mérite réellement une récompense , il se pourra très-bien que dans la loterie des concessions cette récompense ne lui arrive pas, et qu'il en arrive une au contraire à la compagnie exécutante qui l'aura le moins méritée.

Mais si l'on n'accordait aucune récompense aux actionnaires de nos emprunts , ils n'auraient aucun avantage sur leurs coïntéressés non souscripteurs , puisque les premiers jouiraient de l'ouvrage fait, absolument de la même manière que les derniers ; et comme les actionnaires se seraient donné du mouvement, qu'ils auraient avancé leurs capitaux souvent pour un taux modéré d'intérêt , cela ne serait pas absolument juste. De plus, il ne convient pas que les non souscripteurs aient à s'applaudir de leur inertie, et à considérer comme de la duperie le zèle des souscripteurs.

Rien ne sera plus facile dans notre système que de satisfaire à ce besoin de donner de justes récompenses pour un ouvrage bien réellement utile. Il suffira pour cela de suspendre le décroissement du tarif, et de prolonger la durée du péage de façon à obtenir des recettes plus fortes, dans une proportion fixée, que celles qu'exigeait l'amortissement, et d'insérer dans le cahier des charges de l'emprunt des conditions telles par exemple que les suivantes :

1° Si les deux tiers du capital emprunté se trouvent remboursés par les produits dans le délai de six ans, les prêteurs recevront, comme récompense de leur intervention, moitié en sus de la somme déjà remboursée ;

2° Cette récompense de moitié diminuera d'un dixième pour chaque année, en sus de six ans, qui pourra être nécessaire pour parvenir au remboursement des deux premiers tiers de la somme empruntée ;

3° Le partage de la récompense sera fait entre les prêteurs en raison inverse des intérêts par eux demandés.

On voit que les prêteurs, selon ces conditions, seraient traités d'autant plus favorablement qu'ils auraient mieux compris l'intérêt public, et que la part proportionnelle de chacun d'eux serait en raison de son dévouement.

Mais nous ferons observer que les hommes qui méritent le plus la reconnaissance du pays seront ceux qui, à l'exemple des Franklin (*), des Riquet, des Gauthey (**), auront, par leurs discours, leurs écrits, leurs démarches, rallié les esprits à un système d'idées bien entendues, et les fonction-

(*) Franklin fut un grand promoteur d'associations qui avaient le bien social pour objet.

(**) On doit le canal du Centre à M. Gauthey. Il n'a pas été récompensé aussi magnifiquement que l'illustre Riquet, mais sa mémoire est vénérée à Châlons-sur-Saône où il est né.

naires qui comme Turgot, dans l'intendance du Limousin,
et Détigny à Auch, auront le plus contribué au succès
des travaux.

Les syndicats seront propres à exprimer sur ce point des
vœux qui pourront être convertis en lois, et qui seront des
encouragements d'une moralité bien préférable aux lar-
gesses que les compagnies sollicitent avant qu'on puisse
juger leurs œuvres.

§ 74. *Le système d'emprunts que nous proposons a
l'avantage de fournir une mesure arithmétique de l'urgence des travaux à exécuter.*

On a dit souvent que les compagnies donnaient au pays
la garantie qu'il ne serait entrepris que des travaux utiles :
c'est une assertion que les faits réfutent. Mais si les compagnies n'offrent pas l'avantage dont il s'agit, il faut convenir aussi que l'administration publique néglige quelquefois des travaux urgents pour en faire qui devraient être
longtemps ajournés.

Cela tient à ce qu'on manque presque toujours de données propres à faire apprécier l'urgence.

Les emprunts que nous proposons viennent sous ce rapport éclairer utilement le pouvoir. En effet, selon que le
taux de l'intérêt moyen demandé sera fort ou faible, le
pays, en général, attachera peu ou beaucoup d'importance à
l'exécution ; d'où l'on voit que le chiffre de l'intérêt moyen
d'un emprunt est une mesure de l'urgence des travaux.

Si la considération donnée à ce chiffre conduit à ajourner
un ouvrage, la localité ne pourra s'en prendre qu'à elle.

Si au contraire on fait l'emprunt quoiqu'il soit souscrit
à un taux élevé, il sera clair, et c'est important, que
le ministère et les chambres prennent la responsabilité morale d'une déclaration d'utilité publique qui ne ressortait
pas des souscriptions de l'emprunt.

§ 75. *Autres avantages du système d'emprunts que nous proposons.*

Les souscripteurs d'un emprunt de l'espèce de ceux dont il s'agit n'auront pas à craindre la gestion souvent ruineuse d'hommes impatients de faire fortune.

Le gouvernement aura pu leur garantir, sans renoncer au droit d'améliorer les tarifs, l'intérêt moyen résultant de leurs offres.

Si cet intérêt est faible, ils ne laisseront pas, comme coïntéressés naturels à l'exécution des travaux entrepris, de trouver un certain dédommagement dans l'accroissement de prospérité dû à ces travaux.

Les recouvrements des souscripteurs seront aussi bien faits et aussi sûrs que pour les fonds publics, puisqu'ils dépendront du ministère des finances, et assurément on ne peut pas demander mieux.

Quant aux projets et à l'exécution, il nous semble que nous avons assez de travaux faits par des compagnies et par le gouvernement, pour qu'on soit assuré que c'est de l'administration des ponts et chaussées, tout imparfaite qu'elle puisse être encore, qu'on doit attendre les meilleurs résultats. On doit penser d'ailleurs que les syndicats exerceraient sur elle une action bien propre à prévenir les abus.

Si maintenant nous considérons les intérêts commerciaux, nous les verrons dans une situation heureuse. En effet, le tarif transitoire ménagera les industries qui auraient à souffrir, et au bout d'un court délai, comme on le verra plus spécialement dans le chapitre VII (§ 119), la voie nouvelle, affranchie de tout péage, donnera sans aucun monopole toutes les libertés possibles au commerce.

En résumé , on soldera de simples salaires , on distri-
buera , s'il y a lieu , des récompenses modérées , on n'en-
richira personne , on assurera la prospérité rapide du
pays , et l'on agira avec le secours et l'intervention des localités auxquelles ce système semble dire : AIDE-TOI, LE
CIEL T'AIDERA.

On peut conclure de là que , *en fait de grands travaux ,*
et eu égard à l'insuffisance des impôts assis comme ils le
sont actuellement , *il faut substituer aux compagnies exé-*
cutantes des compagnies de prêteurs formée , autant que
possible , des véritables intéressés à l'exécution de ces
travaux.

7

CHAPITRE VI.

DE LA NAVIGATION ET DES RESSOURCES FINANCIÈRES
QU'ELLE OFFRE A L'ÉTAT.

---

§ 76. *Sur l'état actuel de notre navigation.*

Nous avons des rivières navigables, nous avons des canaux ; depuis quinze ans notre dépense pour les améliorer a été de plus de 250 millions, et cependant peut-on dire que nous ayons une navigation ?

Qu'est-ce qu'une navigation qui n'opère, comme nous l'avons dit (§ 12), que la neuvième partie de nos transports ?

Qu'est-ce qu'une navigation si indifférente aux négociants qu'ils ignorent, même à Châlons-sur-Saône, que le canal du Centre, à cause du péage trop élevé, ne permet pas le transport des blés (§ 12) ?

Qu'est-ce qu'une navigation par laquelle les marchandises ne font en un jour que 3 ou 4 lieues ; une navigation qui est arrêtée en été par des herbes ; qui est suspendue pendant des durées de deux à trois mois pour cause de réparations ; qui après les travaux est presque nulle , attendu que pour l'ordinaire les chômages des diverses lignes navigables ne concordent pas , etc. , etc. ?

Il serait si facile de rendre la navigation plus rapide sur nos canaux ; il serait si aisé de disposer le fond des biefs de manière qu'on pût les vider promptement et les tenir secs pendant les chômages , ce qui y ferait périr à la longue la plupart des plantes aquatiques ; il serait si peu dispendieux , lorsque ces plantes gênent par trop , de les couper avec des faucards , comme on fait dans les canaux du Nord ; on pourrait si facilement diminuer la durée des chômages , et celle du remplissage des biefs au moyen de l'eau des étangs , etc. , etc. , qu'on est forcé de reconnaître que sur tous ces points , qui n'excitent la sollicitude de personne , l'inertie est la conséquence toute naturelle du peu d'utilité de la navigation. Ne serait-ce pas en effet mal employer les ressources dont on peut disposer que de les consacrer au perfectionnement d'un instrument si défectueux qu'on ne s'en sert presque pas ?

Allez à Amiens , et demandez si l'ouverture du canal de la Somme a vivifié le pays ; allez de Bouc à Arles , d'Aire à la Bassée ; allez sur le canal des Ardennes , sur les canaux de Bretagne , etc. , et faites la même question , on vous répondra sans hésiter qu'on avait compté sur une grande amélioration commerciale , qu'elle ne s'est pas réalisée et que l'on n'y compte plus.

Mais veut-on que le public jouisse des avantages qu'on lui avait fait espérer ? Il ne s'agira pour cela que de supprimer graduellement les droits , et , d'après le chapitre II de cet écrit , on doit penser que cette opération , contrairement à l'opinion générale , ne pourra pas être onéreuse à l'État.

Cet objet important nous occupe depuis longtemps ; nous allons l'examiner ici avec quelque détail.

§ 77. *Du classement des voies navigables.*

Nous avons pour nos routes, et même pour nos chemins, des classifications très-détaillées, mais nous sommes si peu avancés en fait de navigation, que nos lois n'établissent encore aucune distinction entre les canaux et les rivières navigables de la plus grande et de la moindre importance. Pour fixer nos idées, nous classerons nos voies d'eau en trois ordres.

Voies de premier ordre. Ces voies comprendront les lignes les plus utiles, celles, par exemple, de Paris à Valenciennes; de Paris au Havre; de Paris à Nantes; de Paris à Marseille, par Briare; de Paris à Strasbourg, par Dijon; de Bordeaux à Beaucaire, etc.

Voies de deuxième ordre. Ces voies seront les plus utiles parmi celles qui s'embranchent sur les voies de premier ordre. Ainsi, le canal de la Somme et la ligne canalisée de Cambrai à Douai, laquelle se prolonge sur Lille et sur St-Omer, seront les voies de second ordre correspondantes à la voie de premier ordre de Paris à Valenciennes.

Voies de troisième ordre. Ces voies seront formées par les canaux et les rivières navigables et flottables qui s'embranchent sur les lignes de deuxième ordre.

§ 78. *Des revenus des voies navigables et de l'extinction des péages sur celles de premier et de deuxième ordre.*

L'ensemble des voies d'eau qui appartiennent à l'Etat, figure au budget des recettes de 1837 pour 4,858,000 fr.

Soit . . . . 5,000,000 fr.

Nous admettrons que les canaux engagés qui font partie de nos voies de premier et de deuxième ordre aient été rachetés, et qu'ils rapportent chaque année, en revenu spécial (§ 10). 5,000,000

Total . . . . 10,000,000 fr.

Nous supposerons que le classement dont il vient d'être question soit tellement fait que ces dix millions se trouvent répartis entre les voies de premier, deuxième et troisième ordre, ainsi qu'il suit :

Premier ordre.	3,000,000 fr.
Deuxième ordre.	3,000,000
Troisième ordre.	4,000,000
Total pareil. . . .	10,000,000 fr.

Cela posé, nous concevrons qu'on applique aux voies de premier et de deuxième ordre des tarifs transitoires (§ 4), qui à l'origine soient les mêmes que les tarifs actuels, et qui ensuite décroissent graduellement, de façon que les péages s'éteignent, savoir : pour les voies du premier ordre en dix ans, et pour celles de second ordre en vingt ans.

Quant aux voies de troisième ordre, nous supposerons que rien ne soit changé dans la législation qui les concerne. Ainsi, les concessions très-peu nombreuses qui ont pu être faites des canaux de ces lignes continueraient d'exister. Ainsi les modifications des tarifs sur ces mêmes lignes ne seraient admises qu'à la condition qu'elles augmentassent, ou tout au moins qu'elles n'amoindrissent pas le revenu spécial.

Cette manière d'administrer, que nous supposons maintenue, et sur laquelle nous reviendrons plus loin (§ 86), n'est pas en harmonie avec nos idées, mais elle se prête à la manifestation des avantages financiers que l'on doit attendre de nos propositions.

§ 79. *De la recette totale qui entrerait au trésor pendant l'extinction graduelle du péage, en dix ans, sur un canal de premier ordre.*

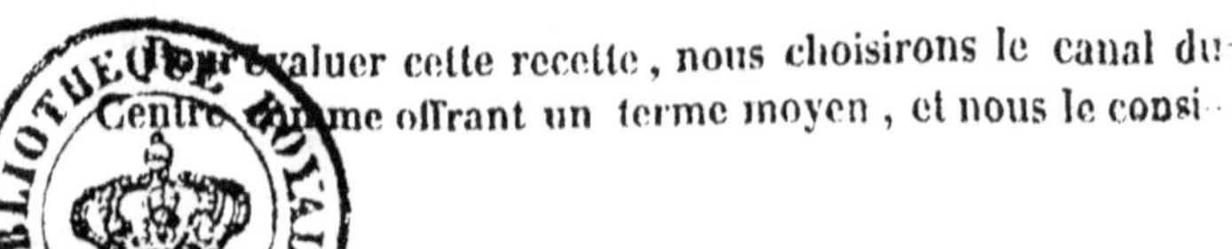

Pour évaluer cette recette, nous choisirons le canal du Centre comme offrant un terme moyen, et nous le considérerons d'abord dans l'état actuel des choses (ceci a été écrit en 1833), et dans la supposition que rien ne soit changé au péage des autres canaux.

Comme le tarif de ce canal est trop élevé pour qu'on obtienne par le péage le *maximum* de produit (§ 6), il y aurait un accroissement de recette dû à l'augmentation de la circulation , et cet accroissement subsisterait jusqu'après une réduction de plus de moitié (*) ; c'est-à-dire que pendant les cinq premières années du dégrèvement les recettes augmenteraient continuellement. Quant à la quotité de l'accroissement , on peut présumer que dans les meilleures années il ferait plus que doubler les recettes. Supposons qu'elles restent constantes , et déterminons le capital qui les représente pour l'époque où commencerait la mise en exercice du tarif transitoire.

La valeur de la recette actuelle étant prise pour unité , la valeur des recettes des dix années de perception serait. d'après le tableau du § 46 , de 7 fois et 722 millièmes de fois , ou près de 8 fois le revenu actuel.

Mais il faut considérer que si les péages décroissaient non-seulement sur le canal du Centre , mais sur toutes les lignes navigables de premier et de deuxième ordre , la navigation prendrait un degré d'activité qui augmenterait les recettes bien plus que nous ne venons de le supposer. Cependant , pour que nos résultats soient modérés , nous supposerons que la recette des dix années pendant lesquelles les droits doivent s'éteindre soit seulement de 8 fois le revenu actuel , ci   8,00

____

(*) MM. les agents des contributions indirectes , dans le département de Saône-et-Loire , admettaient , même avant 1833 , qu'une forte réduction des droits serait avantageuse aux recettes.

§ 80. *De la recette totale qui entrerait au trésor pendant l'extinction graduelle des péages, en vingt ans, sur un canal de second ordre.*

Les tarifs de nos canaux étant presque tous trop élevés il faut admettre, comme dans le paragraphe précédent, que les produits s'éleveraient pendant les premières années du dégrèvement, alors même que ce dégrèvement n'aurait lieu que sur un seul canal.

Et s'il avait lieu non-seulement sur ce canal, mais sur toutes les lignes de premier et de deuxième ordre, l'accroissement de la circulation s'opérerait avec plus de rapidité, de sorte qu'au bout des dix premières années, les lignes de premier ordre étant libres, la navigation aurait pris une vie nouvelle, et les recettes retrouveraient dans le plus grand nombre des bateaux une compensation à l'abaissement des chiffres du tarif.

Il nous semble qu'on peut admettre, d'après cela, que moyennement les revenus seront maintenus à leur niveau pendant les vingt ans d'extinction des droits. Or, si l'on représente la recette annuelle par 1, on aura, suivant le tableau du § 46, pour la valeur, à l'origine du dégrèvement, de la somme équivalente aux recettes perçues pendant la durée de vingt ans, 12 fois et 462 millièmes de fois la recette actuelle. Nous prendrons seulement 12 fois cette recette, ci 12,00

§ 81. *Observations sur les deux paragraphes qui précèdent.*

Nous croyons que les évaluations des deux paragraphes précédents sont faites au plus bas, mais on peut nous dire qu'elles sont hypothétiques.

A cela nous répondrons d'abord, qu'en pareille matière

on ne peut pas calculer avec une exactitude rigoureuse. Ensuite, nous ajouterons que la durée du dégrèvement pouvant être prolongée par la suspension du décroissement annuel des droits pendant un nombre d'années plus ou moins long, on pourra toujours, en donnant au dégrèvement une durée convenable, obtenir, pour les résultats que nous allons évaluer § 84, § 85 et § 86, des sommes qui dépassent ces résultats.

Et comme il n'y a rien qui s'oppose à ce que le dégrèvement, au lieu de durer dix et vingt ans, en dure quinze et vingt-cinq, ou même vingt et quarante, aucune objection ne peut être présentée contre l'exactitude des résultats dont il s'agit, considérés comme les valeurs les moindres possibles des revenus qui entreront au trésor pendant la durée de l'extinction des péages.

§ 82. *De l'accroissement des recettes sur les voies de troisième ordre, pendant les vingt ans de durée de l'extinction des droits sur les voies de premier et de deuxième ordre.*

Nous supposerons que l'accroissement des recettes, sur les voies de troisième ordre, doive s'opérer à raison d'un vingtième par année, et qu'en conséquence ces recettes soient au bout de vingt ans doubles de ce qu'elles sont aujourd'hui.

Si donc le revenu d'une ligne est représenté par 1, les augmentations des recettes annuelles seront successivement de $\frac{1}{20}$, $\frac{2}{20}$, $\frac{3}{20}$, etc., jusqu'à la vingtième année, où l'accroissement sera de $\frac{20}{20} = 1$. En multipliant ces fractions respectivement par les chiffres de la deuxième colonne du tableau du § 46, on aura les valeurs des recettes annuelles rapportées à l'origine, et leur somme sera représentée par le nombre 5,550.

C'est-à-dire que le capital qui équivaut, à l'origine du

dégrèvement des voies de|premier et de deuxième ordre , à la somme des accroissements des recettes à percevoir sur les voies de troisième ordre pendant ce dégrèvement , est égal à cinq fois et demie environ le revenu actuel de ces dernières voies , ci 5,50

Dans le cas où l'accroissement s'opérerait par dixièmes et durerait dix ans , l'ensemble des augmentations de recettes , pendant ces dix ans , ne serait que de trois fois et 918 millièmes de fois la recette 1 ; soit quatre fois , ci. 4,00

§ 83. *Du revenu spécial du trésor, en ce qui concerne la navigation, et eu égard à l'extinction des péages.*

Considérons successivement les voies navigables des divers ordres.

Voies de premier ordre. Les revenus, pendant les dix ans d'extinction des droits , auront produit une somme égale au revenu actuel de 3,000,000 (§ 78) multiplié par le nombre 8 (§ 79), ou à 24,000,000, dont le revenu est de. . . . . 1,200,000 fr.

Voies de deuxième ordre. Les revenus pendant les vingt ans d'extinction des droits auront produit une somme égale à 3,000,000 $\times$ 12 = 36,000,000 (§ 80), dont le revenu est de . 1,800,000

Voies de troisième ordre. Elles produisent par an (§ 78). . . . 4,000,000

Cette recette de 4,000,000 se sera accrue par an d'un 20e, ce qui aura donné au bout de vingt ans une somme égale à 4,000,000 $\times$ 5,50 (§ 82), ou à 22,000,000, dont le revenu est de. 1,100,000

Après ces vingt ans , ou ce qui est la même chose , à partir de la vingt-unième année, la recette, jusqu'à la fin des siècles, vaut 4,000,000 $\times$ 7,50 (*), ou 30,000,000 fr. , dont le revenu est de. 1,500,000

Total. . . . . 9,000,000 fr.

C'est-à-dire que les revenus spéciaux à percevoir sur les voies de premier , de deuxième et de troisième ordre ,

(*) Ce chiffre n'est pas calculé dans le tableau du § 46 ; mais il est facile de voir, par la comparaison des chiffres des dix-neuvième et vingtième années, qu'il est suffisamment exact.

pendant l'extinction des droits sur celles de premier et de deuxième ordre, et jusqu'à l'éternité sur celles de troisième ordre, donnent une somme qui représente un revenu perpétuel, compté à partir de l'origine du dégrèvement, de neuf millions six cent mille francs.

§ 84. *Du revenu fiscal du trésor, en ce qui concerne la navigation, et eu égard à l'extinction des péages.*

Le revenu fiscal produira beaucoup plus que le revenu spécial, parce qu'il n'éprouvera aucun dégrèvement, et que, par l'extinction des péages indiquée § 78, il devra nécessairement éprouver au contraire une augmentation considérable (§ 21).

Nous supposerons que l'accroissement des recettes du revenu fiscal s'opère graduellement et uniformément pendant la durée de l'extinction ; ainsi, par dixièmes et par vingtièmes, selon que les droits s'éteignent en dix ou en vingt ans.

Et pour que l'on juge bien des avantages plus ou moins grands que l'extinction des péages peut produire, nous traiterons deux cas, qui correspondent à des hypothèses dont la modération nous semble justifiée par le § 21.

Premier cas. Le revenu fiscal sera supposé égal au revenu spécial, et l'on admettra qu'il s'accroisse, par l'extinction, d'une valeur égale à celle qu'il a.

Deuxième cas. Le revenu fiscal sera supposé égal à une fois et demie le revenu spécial, et l'on admettra que l'extinction doive s'accroître d'une valeur double de celle qu'il a.

Cela posé, voici les calculs auxquels on est conduit.

	1er cas.	2e cas.
1° *Revenus actuels* (§ 78).	fr.	fr.
1er ordre de voies.	3,000,000	4,500,000
2e ordre. . . . . , . .	3,000,000	4,500,000
3e ordre.	4,000,000	6,000,000

2° *Accroissements à percevoir pendant l'extinction des droits.*

Il faut remarquer que le calcul nous donne le
capital dont le revenu doit être porté en compte.

				1er cas.	2e cas.
1er ordre.	$3,000,000 \times 4$	(§ 82)	$=12,000,000$ f.	600,000	»
	$4,500,000 \times 4$		$=18,000,000$	»	900,000
2e ordre.	$3,000\,000 \times 5,5$	(§ 82)	$=16,500,000$	825,000	»
	$4,500,000 \times 5,5$		$=24,750,000$	»	1,237,500
3e ordre.	$4,000,000 \times 5,5$		$=22,000,000$	1,100,000	»
	$6,000,000 \times 5,5$		$=33,000,000$	»	1,650,000

3° *Accroissements à percevoir après l'extinction.*

				1er cas.	2e cas.
1er ordre.	$3,000,000 \times 11,694$	(§ 46)	$=35,082,000$ f.	1,754,100	»
	$4,500,000 \times 11,694$		$=52,623,000$	»	2,631,150
2e ordre.	$3,000,000 \times 7,50$ (*)		$=22,500,000$	1,125,000	»
	$4,500,000 \times 7,50$		$=33,750,000$	»	1,687,500
3e ordre.	$4,000,000 \times 7,50$		$=30,000,000$	1,500,000	»
	$6,000,000 \times 7,50$		$=45,000,000$	»	2,250,000
Totaux.				16,904,100	25,356,150

§ 85. *Des emprunts à faire pour le rachat des canaux concédés.*

Nous supposons que ces emprunts soient faits conformément aux propositions que nous avons exposées chap. V.

On remarquera que les lignes de premier ordre (§ 77),
celles par exemple de Paris à Valenciennes , de Paris à
Strasbourg , de Bordeaux à Beaucaire , étant fort indépendantes les unes des autres , on pourrait très-bien opérer le
dégrèvement de chacune d'elles à des époques différentes.
Si donc on adoptait , en principe , que les lignes sur lesquelles on aurait obtenu les souscriptions d'emprunt portant l'intérêt moyen le plus faible , seraient celles qui seront

(*) Voyez la note du § 83.

dégrevées les premières , on aurait entre les diverses localités intéressées au dégrèvement une concurrence véritable.

Mais on doit supposer que l'emprunt pour une ligne de premier ordre comprendrait tous les embranchements du second ordre , car il serait nécessaire que , pour les voies navigables qui dépendent les unes des autres , le dégrèvement s'opérât partout à la fois, afin que ce dégrèvement offrant de l'intérêt à une plus grande masse des citoyens , on fût assuré d'avoir les souscriptions d'emprunt les plus favorables possibles au pays.

Ces moyens étant bien employés, et les avantages commerciaux de l'extinction des péages ayant été clairement exposés au public , l'intérêt moyen demandé ne s'élèverait peut-être pas à 3 ou 4 p. 100 , toutefois nous le supposerons de 5. Et les revenus des canaux à racheter étant de 5,000,000 fr. , nous porterons le capital à emprunter à 100 millions.

§ 86. *Bénéfice du trésor dû à l'extinction des péages sur les lignes navigables.*

Considérons toujours les deux cas du § 84.

	1er cas.	2e cas.
Dans l'un et l'autre de ces cas , le revenu spécial étant de 9,600,000 (§ 83), il correspond , en nombre rond , au capital de.	fr. 19,000,000	fr. 19,000,000
Le revenu fiscal obtenu § 84 capitalisé, donne.	338,000,000	507,000,000
Totaux.	357,000,000	520,000,000
Mais on devra payer 100,000,000 pour le rachat des canaux (§ 85), et de plus l'entretien de ces canaux, que nous supposerons , pour le porter au plus haut, de 2,000,000 par an, ou 40,000,000 en capital, ensemble.	140,100 000	140,000,000
Le trésor aura donc de reste.	217,000,000	380,000,000
Le revenu qu'il a maintenant (§ 78) correspond au capital de.	100,000,000	100,000,000
Donc il aura , en capital , un bénéfice de. . .	117,000,000	280,000,000
Et en recettes annuelles	5,850,000	14,300,000

C'est-à-dire que les recettes du trésor s'accroîtraient dans le premier cas d'environ six millions, et dans le second de quatorze.

Elles s'accroîtraient encore davantage si l'on supprimait les droits, non-seulement sur les voies de premier et de deuxième ordre, comme nous venons de le supposer, mais sur celles de troisième ordre, ou que tout au moins on les diminuât. Ainsi, par exemple, on pourrait les faire décroître par cinquantièmes, et les réduire à deux cinquièmes en trente ans, à un cinquième en quarante ans, ou les supprimer totalement en cinquante ans, selon l'avantage à obtenir.

Si l'on examine bien ce que nous avons dit dans le second alinéa du § 21, on reconnaîtra que les recettes calculées ci-dessus, pour le deuxième cas, doivent être de beaucoup au-dessous de la réalité; et si l'on fait attention que le revenu fiscal ne peut jamais être qu'une assez petite partie du revenu territorial sur lequel il se trouve prélevé, il nous semble qu'on admettra, comme une vérité bien manifestement établie, que *l'extinction des péages, sur les lignes navigables importantes, est une opération encore plus utile pour le trésor et pour la prospérité générale du royaume que la conversion des rentes* 5 p. 100.

§ 87. *De la légalité et de l'urgence du rachat des canaux concédés.*

Toute propriété, sans aucune exception, pouvant être acquise par l'État pour cause d'utilité publique, moyennant une indemnité préalable, et le rachat des canaux étant indispensable pour parvenir à l'extinction des péages, laquelle est une mesure d'utilité publique, il s'ensuit qu'on ne peut pas contester la légalité du rachat des canaux concédés situés sur les lignes où l'on voudrait éteindre les droits.

Quant à l'urgence du rachat de ces canaux, elle est fondée non-seulement sur l'utilité du dégrèvement le plus prochain possible des droits de navigation, mais encore sur l'accroissement de valeur que les travaux faits par le pays donnent à quelques canaux (§ 27). Il est clair en effet que s'il faut, comme nous le croyons, racheter les canaux concédés, il convient d'opérer ce rachat avant que l'Etat, par ses propres dépenses, ait élevé le prix des objets à racheter.

§ 88. *De la dépense à faire pour le rachat des canaux engagés.*

Si l'on objecte que 100 millions, ainsi que nous l'avons supposé, ne sont pas suffisants pour dédommager les détenteurs des canaux concédés, nous répondrons qu'il faut augmenter cette somme. Mais nous croyons qu'elle ne doit pas être, à beaucoup près, aussi forte qu'on peut le croire au premier abord. Il faut remarquer effectivement que pour les emprunts des canaux entrepris en 1820 et 1822, les bailleurs de fonds n'auraient rien à attendre des excédants de la recette sur les charges (§ 64), en ce qui concerne le plus grand nombre de ces canaux, par exemple, pour ceux de la Somme, du Nivernais, de la Bretagne, du Berry et des Ardennes, et même pour la plupart des autres (§ 9), si on maintenait les droits actuels. Il n'y aurait donc à payer à ces bailleurs de fonds, en toute rigueur, qu'une faible indemnité pour les exproprier, et ils ne pourraient guère demander de faveur puisqu'ils touchent 5^f,60, 6^f,12 (§ 64), 6^f,50 et 7^f,00 p. 100 d'intérêt et de prime pour les fonds qu'ils ont avancés.

La transaction à faire avec les ayant-droit est d'ailleurs une question de haute importance que nous n'aborderons pas ici. Mais nous reviendrons accidentellement à cette question à l'occasion des pertes de revenus que doivent subir les canaux par la concurrence des chemins de fer (§ 101) exécutés dans un système financier bien entendu.

§ 89. *De l'avantage d'éteindre les péages sur les lignes navigables, en ce qui concerne les douanes.*

Si l'on fait attention aux embarras immenses que les enquêtes commerciales ont signalés , on verra que la suppression des péages sur les lignes navigables ne conduit pas seulement à bonifier notre situation financière , à donner à notre navigation une grande activité , mais qu'elle conduit aussi , pour le dégrèvement des droits de douane , à faciliter des mesures nécessaires , peut-être même indispensables , qui sans cette suppression rencontreraient immanquablement les plus vives résistances de la part des maîtres de forges , des propriétaires de forêts , des possesseurs de mines , etc. Que craignent-ils ? Une diminution immédiate de leurs revenus. Eh bien ! si le décroissement des droits protecteurs coïncide avec le décroissement des droits de navigation , le minerai , le charbon , le bois , le fer , etc., se transporteront à plus bas prix , et les pertes que l'on craint seront couvertes , en partie au moins , par une fabrication moins chère , et par un plus grand écoulement de produits , dû non-seulement à l'abaissement du prix , mais encore à l'augmentation de la richesse nationale. Le bienfait de la suppression des péages de la navigation atténuerait donc les inconvénients attachés au bienfait de la diminution des droits de douane , et celui-ci en serait nécessairement et plus promptement réalisé et plus largement accordé.

APPENDICE.

<hr>

CHAPITRE VII.

SUR LES CHEMINS DE FER DE PARIS A BOULOGNE, CALAIS,
DUNKERQUE, LILLE ET VALENCIENNES.

---

§ 90. *Objet de ce chapitre.*

Nous avons vu, dans le chapitre précédent, que notre
navigation améliorée, en ce qui concerne les droits, aura
une très-grande et très-heureuse influence sur le progrès
de la richesse publique.

On doit attendre le même résultat de l'établissement des
chemins de fer, si on les exécute dans des vues d'économie
politique bien entendues, et sous ce rapport nous devons
nous occuper de ces chemins dans cet écrit.

Mais nous manquons de données pour traiter ce sujet

d'une manière qui embrasse , comme dans le chapitre précédent , l'intérêt entier du royaume. Nous nous bornerons en conséquence à présenter sur les chemins de fer des considérations relatives aux tracés de Paris à Boulogne , Calais , Dunkerque , Lille et Valenciennes , dont l'étude nous a été confiée par l'administration.

Plusieurs de ces tracés n'ayant pas encore été produits, nous devrons éviter que cet appendice ne soit une publication anticipée de documents qui appartiennent au gouvernement. Cependant , les projets de Paris à Lille et à Valenciennes , et les rapports sur ces projets , ayant subi l'épreuve des enquêtes , nous aurons assez de documents pour atteindre le but que nous devons nous proposer.

Ce but, c'est d'appeler l'attention du lecteur sur les questions importantes que soulève l'établissement des chemins de fer , et notamment sur celles qui doivent obliger à faire ces chemins dans l'intérêt social , et non dans des intérêts individuels plus ou moins opposés au bien-être public.

Nous aurions voulu placer à la fin de cet écrit une petite carte destinée à faciliter l'intelligence des tracés dont nous allons nous occuper : mais , vu la réserve que nous devons nous imposer , cette carte aurait laissé beaucoup à désirer. Nous tâcherons que notre rédaction puisse être bien comprise avec le seul secours d'une carte ordinaire de France.

§ 91. *Sur l'avantage des pentes faibles dans les chemins de fer.*

Un chemin de fer établi entre deux points donnés , toutes choses d'ailleurs égales , doit être d'autant plus avantageux qu'il est plus court, et que la pente la plus forte qu'il présente se trouve moindre.

Tâchons de nous faire une juste idée de l'influence des fortes pentes. Pour cela nous admettrons qu'une machine locomotive du poids de 8 tonnes (8,000 kilogrammes) peut, sans glisser, exercer sur un train de marchandises un effort de traction égal au quinzième du poids de ce train ; nous supposerons que l'allége, ou voiture qui porte l'eau et le coke, soit du poids de cinq tonnes ; enfin, nous estimerons le chargement de chaque waggon à deux fois son poids. Cela posé, le calcul donnera, selon l'inclinaison des plus fortes pentes à gravir, les poids bruts du train remorqué par la locomotive en question, et de ces poids, qui sont ceux que présente la 2ᵉ colonne du tableau ci-après (*), on déduira les poids utiles de marchandises transportées, lesquels sont indiqués dans la 5ᵉ colonne du même tableau.

PENTES en millièmes.	MARCHANDISES, en tonneaux de 1,000 kilog. Poids des trains,				VOYAGEURS. Poids utiles des trains.
	bruts.	bruts, moins 3 tonnes.	waggons.	utiles.	
	tonn.	tonn.	tonn.	tonn.	tonn.
0	133,3	120,3	40,1	80,2	10,1
1	106,7	93,7	31,2	62,4	14,4
2	88,9	75,9	25,3	50,6	11,3
3	70,2	63,2	21,1	42,2	9,0
4	66,7	53,7	17,9	35,8	7,4
5	59,3	46,3	15,4	30,8	6,1
6	53,3	40,3	13,4	26,8	5,0
7	48,5	35,5	11,8	23,6	4,2
8	44,4	31,4	10,5	21,0	3,5
9	41,0	28,0	9,3	18,6	2,9
10	38,1	25,1	8,4	16,8	2,3

Dans le cas des voyageurs, le calcul est différent, parce que le poids utile n'est que la moitié du poids des voitures, et parce que ce n'est pas la condition d'éviter le glissement qui détermine le poids du train, mais bien celle d'avoir une vitesse donnée sur une pente à gravir donnée. Si cette

(*) La force nécessaire pour traîner un poids sur des rails horizontaux est supposée d'un deux cent vingt-cinquième de ce poids.

vitesse est de 35,000^m par heure, les poids utiles du train remorqué seront ceux de la 6ᵉ colonne de notre tableau.

On voit, par les chiffres des 5ᵉ et 6ᵉ colonnes, que le poids du train diminue à mesure que la pente à gravir augmente. Or, il est clair que le *maximum* des pentes d'un projet étant fixé, c'est ce *maximum* qui réglera le prix des frais de transport (*). Il s'ensuit que ce prix augmente rapidement, surtout dans le cas des voyageurs, avec la raideur de la plus forte pente admise.

Et les frais annuels de traction étant quelquefois plus forts que l'intérêt du prix d'exécution du chemin (§ 99, § 116 et § 117), on comprend que, toutes choses d'ailleurs égales, les chemins de fer qui doivent contribuer le plus à la prospérité d'un pays, sont ceux dont les plus fortes pentes ne dépassent pas un *maximum* très-peu élevé.

Les tracés de Paris à Boulogne, Lille et Valenciennes, sont, sous ce rapport, d'une exécution très-avantageuse; car leurs pentes les plus fortes peuvent ne pas excéder trois millièmes (**).

§ 92. *Du choix des tracés, en ce qui concerne leurs longueurs plus ou moins développées.*

Les chemins de fer, en permettant des transports prompts, élèveront le prix du temps des voyageurs, parce qu'il y en aura beaucoup qui n'entreprendront des voyages que par la considération qu'il ne leur faudra que peu de jours ou peu d'heures pour réaliser les avantages qu'ils attendront de leur déplacement.

(*) Nous faisons abstraction des pentes rapides et exceptionnelles pour lesquelles on emploie des machines de renfort. Ces pentes sont d'ailleurs, dans un tracé, des inconvénients manifestes.

(**) Il est rare qu'un projet d'une grande étendue puisse avoir des pentes plus faibles que celle-là, parce que la traverse des routes, quand on est forcé de les franchir en dessus, et la traverse des canaux navigables, exigeraient de trop longs remblais si on n'admettait pas une pente de 2 à 3 millièmes.

Supposons que, par un motif quelconque, on préfère un tracé qui, auprès de Paris (c'est justement un cas dont il sera question plus loin (§ 99)), rallonge d'une demi-heure la durée du trajet de Paris à Londres, de Paris à Anvers par Lille, et de Paris à Bruxelles, et voyons quelles seront les conséquences de l'adoption de ce projet.

Il faut considérer que les convois de voyageurs ne marchent sur les chemins de fer que pendant le jour, d'où il résulte qu'en partant de Paris on n'arrivera dans une journée, selon la saison, qu'à une certaine circonférence de pays, et que, pour gagner les lieux situés au-delà, la durée du trajet sera nécessairement augmentée d'une nuit.

Il faut considérer que le passage en Angleterre est subordonné, jusqu'à un certain point, aux heures variables de la haute mer, en sorte que le trajet en un jour de Paris à Londres sera praticable et commode seulement un certain nombre de jours par an, et que ce nombre de jours sera sensiblement diminué si la durée du trajet est augmentée d'une demi-heure.

Il faut considérer que, pendant toute l'année, les derniers départs qui permettront d'arriver à destination dans le restant de la journée devront tous être avancés d'une demi-heure. C'est ce qui arriverait notamment pour le départ des lettres.

Il faut considérer enfin que 210,000 voyageurs (§ 107), dans l'état actuel de la circulation, entreraient à Paris et en sortiraient par la ligne des chemins de fer du Nord, et que la circulation étant supposée triplée par l'emploi de ces chemins, ce serait 630,000 demi-heures, ou 315,000 heures que le rallongement en question ferait perdre aux voyageurs.

Or, si l'on se demande combien l'heure a de prix pour un porteur de dépêches, pour un banquier, pour un négociant, pour l'individu qui, faute d'avoir à sa disposition une demi-heure, en arrivant à Paris, ne pourra en repartir

qu'en perdant quelquefois un jour entier, pour tout homme
enfin qui se déplace et dépense pendant son déplacement
beaucoup plus que chez lui , on verra que le préjudice annuel causé par un retard d'une demi-heure est très-grand.
Et si , d'après ces considérations, on estime la valeur de
l'heure à 1 fr., on verra que le rallongement de tracé qui
augmenterait la durée du trajet d'une demi-heure cause-
rait au pays une perte de 315,000 fr. par an : c'est-à-
dire de 6,300,000 fr. en valeur capitale.

Il suit de là que, entre l'avantage de diriger un tracé
suivant une ligne de peu de longueur et l'inconvénient
de le détourner pour qu'il passe par beaucoup de villes ,
il y a un juste milieu qu'on doit s'appliquer à déterminer.

Il s'ensuit aussi que plus un projet a d'importance, et
moins on doit le contourner dans l'intérêt des villes auprès
desquelles il passe.

§ 93. *Les chemins de fer qui joignent deux points de deux
bassins de rivières voisines doivent, en général , franchir le faîte qui sépare ces bassins à l'endroit d'un
col.*

On appelle *col* une partie déprimée de la ligne qui divise
la surface d'une montagne en deux flancs , sur lesquels les
eaux pluviales s'écoulent respectivement de deux côtés opposés vers les profondeurs des deux bassins que sépare la
montagne. Cette ligne elle-même est ce qu'on nomme le
faîte.

Un col , par cela seul qu'il se trouve toujours placé dans
une dépression de terrain , est un endroit où les eaux se
rassemblent ; aussi est-ce auprès des cols que sont les sources des affluents de chaque bassin. Il en résulte que lorsqu'un col est sensible , il présente un caractère géo-
graphique remarquable , c'est qu'il occupe la partie du
pays comprise entre les sources de deux cours d'eau op-

posés appartenant aux deux bassins que sépare le faîte.

Or, de ce qu'il est nécessaire de donner aux chemins de fer les pentes les plus faibles possible, il s'ensuit que lorsqu'il s'agit de joindre deux villes situées dans les bassins de deux rivières voisines, il faut, en général, traverser la chaîne de montagnes qui sépare ces deux bassins à l'endroit d'un col; car c'est le moyen d'avoir le tracé dont le point culminant est le moins haut.

C'est ainsi que le Crou, affluent de la Seine, et l'Isieux, affluent de l'Oise; la Brêche, affluent de l'Oise, et l'Avre, affluent de la Somme; le Miraumont, affluent de la Somme, et la Sensée, déterminent le tracé du chemin de Paris à Lille par Amiens décrit plus loin (§ 97.)

§ 94. *Des prix de locomotion.*

Nous supposons que l'exploitation soit l'objet d'un fermage, et nous adoptons pour les dépenses de coke et d'entretien de machines, les prix que M. Kermaingant, ingénieur en chef directeur des ponts et chaussées, a calculés pour le chemin de Lyon à Marseille. Nous choisissons ces prix, parce qu'ils doivent inspirer de la confiance, et parce que le *maximum* des pentes du chemin de Marseille, depuis Lyon jusqu'au delà d'Arles, est le même que pour nos tracés. On peut objecter, il est vrai, que la houille est moins chère à Saint-Etienne qu'à Valenciennes, et que la valeur du coke sera plus élevée sur notre ligne que sur celle de Marseille, mais M. Kermaingant le suppose rendu à destination aux prix actuels, et dans notre système les prix du transport, même sur les voies actuelles, devront nécessairement diminuer (§ 101). D'un autre côté, les progrès de la législation des douanes, et ceux des arts et de l'industrie, tendent à faire baisser continuellement le prix de la houille. D'ailleurs, il ne s'agit ici que de calculs de comparaison, dans lesquels nous devons employer des prix qui aient acquis quelque notoriété plutôt que des prix bien exacts.

DÉTAIL PAR KILOMÈTRE.	LOCOMOTION,	
	Pour un voyageur.	Pour une tonne de marchandise.
	f.	f.
Coke rendu, à 0f.028 le kilogramme . .	0,0028	0,0093
Entretien de machines, mécaniciens, chauffeurs, etc.	0,0150	0,0260
	0,0178	0,0353
Entretien et graissage des voitures et waggons.	0.0009	0,0035
	0,0187	0,0388
Entretien des bureaux, commis et frais de l'administration des transports. . .	0,0010	0,0019
	0,0107	0,0407
Bénéfice du fermier	0,0020	0,0041
Totaux.	0,0217	0.0448
Soit.	0,022	0,045

§ 95. *Sur le paragraphe précédent, et sur l'avantage que présentent, à égalité de transports, les chemins de fer qui doivent lier des lieux éloignés, et ceux qui doivent lier des lieux rapprochés.*

Les prix qui précèdent sont respectivement de 0ᶠ,003 et 0ᶠ,005 moins élevés que ceux du tarif du chemin concédé de Paris à Saint-Germain. Eu égard à ce que ce chemin est très-court, et nos tracés très-longs, toutes choses d'ailleurs égales, nos prix doivent en effet être moins forts que ceux de Saint-Germain, car moins un chemin a de longueur et plus sont grandes les dépenses.

Ainsi les frais de coke, de mécanicien et d'usure de

machines à faire pour chauffer et préparer une locomotive et pour la mettre en état d'agir ; le temps perdu par les voitures et les waggons en chargement, temps considérable par rapport à celui qu'exige le parcours ; les frais d'un matériel très-cher, de commis, bureaux, magasins, etc., sont des éléments du prix de locomotion beaucoup plus grands, proportion gardée, pour un chemin comme celui de Saint-Germain, que pour un chemin comme celui, par exemple, de Paris à Rouen. D'où l'on voit qu'en exécutant des chemins de fer comme ceux de Manchester à Liverpool, de Lyon à Saint-Etienne, on s'est trouvé, toutes choses d'ailleurs égales, dans des conditions bien moins avantageuses que si les villes de Manchester et de Liverpool, de Lyon et de Saint-Etienne, pour l'état de circulation qu'elles présentent, avaient été séparées par des distances plus grandes. Il faut donc poser en principe que les chemins de fer qui font communiquer les lieux les plus éloignés, sont ceux qui, à égalité de transports, permettent de rentrer le plus promptement dans le capital avancé pour leur exécution.

§ 96. *Description du tracé de Paris à Lille par Longueau, près Amiens.*

Ce tracé part de l'Hôtel-de-Ville et traverse le boulevart extérieur un peu à l'ouest de la barrière de la Villette (*).

(*) L'entrée des chemins de fer du Nord à Paris, par la Villette, présente les avantages suivants : 1º elle maintient le commerce dans ses habitudes actuelles; 2º elle est très-voisine du canal Saint-Martin : 3º elle permet d'arrêter le tracé très-convenablement au boulevart extérieur; 4º elle permet de le prolonger sans recourir à un souterrain, sans tranchée considérable et sans abattre beaucoup de maisons, jusqu'à l'hôpital des Incurables; 5º elle permet de le prolonger au delà des Incurables jusqu'au boulevart Saint-Martin, même jusqu'à l'Hôtel-de-Ville, même jusqu'à la plaine d'Ivry, sans intercepter aucune rue. Ce prolongement donnerait une traverse de Paris ouverte dans un quartier très-commerçant. et qui a besoin d'être mieux percé qu'il ne l'est; elle passerait au cœur de la ville, et, jusqu'à la Grève, elle pourrait s'opérer en ligne droite, ou sur une ligne formée de deux alignements brisés près de la rue de Lancry, à volonté.

Il suit la vallée du Crou ; il traverse le faîte d'entre le Crou et l'Oise, près et à l'ouest de Marly-la-Ville ; il suit au delà le vallon de l'Isieux, et vient couper l'Oise près de Villers-sous-Saint-Leu. Il s'élève ensuite par Creil et Clermont dans les vallées de la Brèche et de l'Oise ; il franchit à Gannes le faîte qui sépare les bassins de la Somme et de l'Oise, et descend, par la vallée de l'Avre, à Longueau près Amiens, dans celle de la Somme. Au-delà de cette vallée, il suit le Miraumont, coupe le faîte d'entre la Somme et le bassin de l'Escaut à Achiet-le-Grand, descend la Sensée et arrive sur la Scarpe à Vitry. De ce point, jusqu'à Lille, les difficultés ne sont pas grandes ; le tracé passe à la droite d'Hénin-Liétard, à Seclin, et il entre dans Lille par le faubourg des Malades.

Sur toute cette étendue, ses plus grandes pentes n'excèdent pas trois millièmes.

La première étude présentait pour les trois principaux faîtes à traverser trois grands souterrains. On a depuis soigneusement examiné les localités où se trouvaient pro-

L'idée qu'on a maintenant des chemins de fer, avec de gros tarifs imposés pour 99 ans, ne permet pas d'apprécier l'avantage de traverser Paris.

Mais si l'on se figure qu'au bout de dix ans les tarifs soient supprimés, et que chaque année 1.500,000 voyageurs et 500,000 tonnes de marchandises arrivent d'Orléans, de la Bourgogne, de la Belgique, du nord de la France et des ports de Boulogne et de Calais, on verra les choses d'un tout autre point de vue.

Si l'on considère qu'un chemin aussi peu important que celui de Saint-Germain doit pourtant pénétrer dans Paris, on ne pourra pas douter que les chemins du Nord n'y doivent pénétrer aussi.

On commence toutefois à se familiariser avec l'idée de voir des chemins de fer traverser les grandes villes. Ainsi le projet de Paris à Versailles, sur la rive gauche de la Seine, dressé par M. Corréard, est apprécié sous ce rapport, comme sous le rapport d'une pente faible et d'un court trajet, par beaucoup de très-bons esprits.

Si l'on fait attention d'ailleurs que les rues de Paris sont étroites et encombrées par une circulation déjà considérable, on verra qu'elles ne seraient plus tenables si beaucoup de chemins de fer augmentaient le nombre des voyageurs qui arrivent dans la capitale et doivent y séjourner, y vivre, y circuler, et augmenter l'encombrement déjà si grand dans certains quartiers.

Il suit de là que bien qu'il ne soit pas opportun de proposer la traversée de Paris, il est au moins tout à fait essentiel d'arriver à la Villette, afin qu'on puisse, quand on le voudra, prolonger le chemin dans l'intérieur de Paris.

jetés ces trois souterrains, et celui d'entre Amiens et Vitry est évité par un nouveau travail qui donne moins de tranchées, et qui présente 1,400ᵐ de raccourcissement de trajet. Celui de Gannes, selon toute apparence, pourra aussi être évité, ou fortement réduit. Quant à celui de Marly-la-Ville, en le portant un peu à l'ouest, ce qui raccourcit le trajet de 310ᵐ, il peut être fait en ligne droite, et réduit à 2,725ᵐ de longueur.

Ces améliorations du travail primitif, les reconnaissances de terrain poussées jusqu'à la frontière, et les études faites en Belgique, prouvent que l'on peut aller de Paris par Amiens, Lille, Roubaix, Turcoing et Gand, à Ostende et à Anvers, sans pentes de plus de trois millièmes, et sans avoir au passage des faîtes aucun autre grand souterrain que celui de Marly-la-Ville.

On doit faire remarquer en passant que la ligne de Paris à Lille n'aurait, par le tracé d'Amiens, que 233,661ᵐ de longueur (58 lieues et demie), ce qui est très-peu de plus que la route la plus courte du centre de Paris au centre de Lille (*).

§ 97. *Du tracé de Paris à Lille par Saint-Quentin.*

Un autre tracé de Paris à Lille est praticable par Saint-Quentin (**). Ce tracé ne diffère pas du précédent entre Paris et Creil. Il suit l'Oise par Compiègne; il passe à la gauche de Noyon, où il entre dans la vallée de la Verse, pour venir par Guiscard franchir le faîte d'entre l'Oise et la Somme à Villeselve. Il descend ensuite la vallée de la Somme et cotoie cette rivière par Saint-Quentin. Au

---

(*) On compte de Paris à Lille 56 lieues de poste par Péronne et Arras, 29 et un quart par Amiens, et 30 par Saint-Quentin.

(**) C'est M. Debout, ingénieur de beaucoup de mérite, qui a fait sous notre direction l'étude très-soignée de ce tracé. Ce n'est pas un avant-projet, c'est le tracé définitif qu'il faudrait suivre si l'on exécutait.

delà, il s'élève pour traverser les faîtes qui séparent la vallée de la Somme de celle de l'Omignon, et cette dernière de celle de l'Escaut; puis il descend cette vallée, en se ployant selon les sinuosités très-fortes qu'elle présente, et il la quitte à Noyelle, en deçà de Cambrai, pour venir traverser à Graincourt le faîte qui sépare la vallée de l'Escaut de celle de la Gache. Il descend de ce point à Saulchy-Cauchy, d'où l'on s'est dirigé vers Lille, en suivant la vallée de la Sensée jusqu'à Vitry.

On aurait pu se diriger sur Lille par Douai, en traversant le faîte du Moulinet; mais le terrain a paru plus difficile, et l'on a pensé d'ailleurs qu'il était dans l'intérêt général de se rapprocher autant qu'on le pouvait de la ville d'Arras. C'est qu'en effet cette ville ne paraît pouvoir être bien desservie que par un embranchement partant de Vitry (*), tandis que Douai peut l'être par la ligne de Valenciennes à Calais, si elle s'exécute, ou par un embranchement de Vitry à Douai, susceptible d'être prolongé sans difficulté jusqu'à Valenciennes, et d'une exécution moins dispendieuse que l'embranchement d'Arras à Vitry.

§ 98. *Le problème de tracer un chemin de fer de Paris à Lille n'a que deux solutions entre l'Oise et la limite septentrionale de la vallée de la Somme.*

Pour aller de Paris à Lille, il faut d'abord arriver dans la vallée de l'Oise; ensuite on est obligé de quitter cette vallée pour se porter vers le nord. Et comme, ainsi que nous l'avons dit (§ 93), on doit traverser le faîte qui sépare l'Oise de la Somme à l'endroit d'un col, il faut né-

---

(*) Nous avons pensé depuis peu à nous diriger de Miraumont sur Arras, par la vallée du Crinchon; mais ce projet, qui toutefois mérite qu'on l'étudie avec quelque soin, nous paraît exiger, d'après les données que nous avons, un long souterrain sous le faîte, et une pente de plus de trois millièmes pour descendre de ce souterrain à la Scarpe.

cessairement s'écarter de l'Oise en suivant un affluent de cette rivière. Or, si cet affluent n'est ni la Brêche qui débouche à Creil, ni la Herse qui débouche à Noyon, il faut que ce soit le Thérain, ou l'Aronde, ou la rivière des Mats. Or, en examinant ces affluents sur la carte, on voit qu'ils n'ont pas leurs directions tournées vers Lille, et qu'ils ne correspondent pas à des affluents de la Somme disposés convenablement pour se diriger au delà de cette rivière sur la vallée de la Scarpe.

En continuant de raisonner ainsi, on fait voir, par la méthode d'exclusion, que la vallée du Miraumont est la seule qui permette de faire un tracé en pente douce, qui soit le prolongement de celui qui vient de Paris par les vallées de la Brêche et de l'Avre. Le même système de raisonnement étant appliqué à la vallée de la Herse, on justifie le tracé que nous avons présenté par cette vallée, et finalement on démontre que les projets du chemin de fer de Paris à Lille doivent passer inévitablement, ou près et à l'est d'Amiens, ou par Saint-Quentin, et que le problème du tracé de Paris à Lille, abstraction faite des considérations de détail, n'a réellement que deux grandes solutions.

§ 99. *Comparaison des deux tracés que l'on peut proposer entre Paris et Creil.*

Pour aller de Paris à Creil, il faut ou contourner les parties élevées du faîte qui sépare l'Oise de la Seine, en passant du côté de Pontoise, ou traverser ce faîte près de Marly-la-Ville, en se dirigeant pour y arriver par la vallée du Crou qui passe à Gonesse, et en suivant, après le faîte, la vallée du ruisseau de l'Isieux, qui passe à l'est de Luzarches. Ces deux tracés se joignent sur la rive droite de l'Oise à Villers-sous-Saint-Leu.

De Paris à ce point de jonction, la longueur du tracé de

Marly - la - Ville , à partir du boulevart extérieur , est de 40,800 ᵐ.

Soit , ... 41,000 m.
Le tracé par Pontoise , eu égard au raccourcissement du tracé de
   Marly, est plus long d'environ 19,500
Ainsi sa longueur peut être évaluée à 60,500
Dont, entre le boulevart extérieur et Valmondois, près et au delà
   de l'Oise 32,600

Et le long de l'Oise 27,900

Remarquons d'abord que si, en partant de Paris , la ligne de Rouen ne différait pas de celle des chemins du Nord par Pontoise , on serait forcé , par la fréquentation des deux lignes et par la nécessité d'avoir deux exploitations indépendantes , d'exécuter pour chaque ligne un chemin séparé , à peu près aussi cher , à cause du beaucoup plus grand nombre de propriétés bâties à entamer (*) , que si l'autre chemin ne devait pas le cotoyer.

Cela posé , calculons l'exécution , l'entretien et la locomotion pour les deux projets, en admettant que leurs pentes n'excèdent pas trois millièmes.

1° PROJET DE MARLY-LA-VILLE.

Exécution. 41,000 m. à 175 fr. l'un . . . . 7,175,000 fr.
2,925 m. de longueur totale de souterrain , estimés à 500 fr.
  le mètre, ce qui donne pour excès de dépense des parties en
  souterrain sur les autres parties, 405 fr. par mètre, sans avoir
  égard à ce que les 200 m. du souterrain de Thimécourt ont
  l'avantage de fournir une bonne carrière 1,184,625
        Somme à valoir. 640,375

        Total. 9,000,000

Entretien. 41,000 m. à 5 fr. 50 c. 225,500

(*) On remarquera que le projet de Pontoise traverse les communes de Saint-Denis, Epinay, Eaubonne, Saint-Gratien , Franconville et Ermont , où les propriétés sont précieuses et très-divisées.

Locomotion. Dans l'état actuel de la circulation, le nombre des voyageurs entre Creil et Paris est de 210,000, et celui des tonneaux de marchandises transportées de 108,000 (§ 107). Pour 41,000^m du tracé de Marly, cela fait, en kilomètres parcourus annuellement, savoir :

Par un voyageur. 8,610,000
Par une tonne de marchandise 4,428,000

Les 8,610,000 à 0f.022 (§ 94) font . . . . 189,420 fr.
Les 4,428,000 à 0f.045 font 199,260

        Total 388,680

2° PROJET PAR PONTOISE.

Exécution. 27,000 m. le long de l'Oise, à 120 fr. par mètre . . 3,348,000 fr.
32,600 m. à 175 fr. par m. 5,705,000

        Total 9,053,000

Soit, comme pour le projet de Marly. 9,000,000

Entretien. 60,500 m. à 5 fr. 50 c., font 332,750 fr. ou, en nombre rond. 330,000

Locomotion. D'après ce qui précède, et pour la longueur du chemin de 60,500^m, ou, en nombre rond, de 60,000^m, le nombre de kilomètres parcourus par an sera, savoir :

Par un voyageur de. 12,600,000
Par un tonneau de marchandises 6,480,000

Les 12,600,000 à 0f.022 font. . . . . 277,200 fr.
Les 6,480,000 à 0f.045 font 291,600

        Total 668,800

3º RÉCAPITULATION.

Tracé par Marly-la-Ville.	Intérêt du capital d'exécution. . .	450,000
	Entretien annuel	225,500
	Locomotion annuelle	338,680
	Total.	1,014,180

Tracé par Pontoise	Intérêt du capital d'exécution . . .	450,000
	Entretien annuel	330,000
	Locomotion annuelle	668,800
	Total.	1,448,800

Et si l'on suppose que par l'emploi des chemins de fer en question la circulation actuelle soit triplée, on aura pour la somme qui représente le déboursé nécessaire à la desserte des besoins publics,

Par le projet de Marly-la-Ville. . .	1,691,540 fr.
Par le projet de Pontoise.	2,786,400

Cet aperçu de calculs, qui nous paraît être fait à l'avantage du projet de Pontoise, montre que ce projet, eu égard à l'entretien et à la locomotion, serait de plus de moitié plus dispendieux pour le pays que le projet de Marly-la-Ville.

Et l'on remarquera que le tracé de Pontoise, en allongeant le parcours de 19,500ᵐ, augmenterait la durée du trajet de trente-trois minutes et demie. C'est encore pour ce tracé un inconvénient grave, et tel que si l'on admet les calculs du § 92, la masse des dépenses annuelles pour le projet de Pontoise sera de 3,101,000 fr., c'est-à-dire qu'elle excédera de plus des deux tiers celle du projet de Marly.

On remarquera enfin que la ville de Pontoise sera nécessairement desservie au moyen du chemin de Rouen, soit qu'on arrive à Rouen par la vallée de la Seine ou qu'on y arrive par Gisors, tandis que les villes de Gonesse et de Louvres, sur les territoires desquelles passe le projet de

Marly, ne seraient pas desservies si l'on allait dans le Nord par Pontoise.

Il semble donc que, malgré les inconvénients que peut avoir un souterrain d'une longueur de 2,725^m, exécuté, selon toute apparence, dans un très-bon sol, il serait avantageux d'adopter le projet de Marly-la-Ville.

§ 100. *Importance continentale des ports de Calais, Boulogne et Douvres.*

Les relations commerciales et politiques donnent à la traversée du détroit du Pas-de-Calais une importance qui intéresse tout le continent ; car c'est le point où le passage s'opère avec le plus de promptitude et de sécurité.

La nature semble en effet avoir tout disposé pour que ce passage ne puisse être empêché que dans des circonstances très-rares. Les vents soufflent ordinairement du sud-ouest, la traversée est alors facile de Douvres à Calais. Et quand, au contraire, ils soufflent du nord, on se trouve poussé vers Boulogne. Pour le départ du continent c'est l'opposé. En sortant de Boulogne, un peu avant la marée haute, on a la mer et presque toujours le vent pour soi, ce qui permet de marcher en ligne droite sur Douvres. Et si le vent vient du nord, on part de Calais, on suit la côte, pour n'être pas trop gêné par le courant de la marée, et quand on est devant Douvres, au point convenable, on se dirige sur cette ville.

La durée de la traversée est en général de deux heures à deux heures et demie, et il est très-rare que les gros temps y mettent obstacle.

D'après cela, les villes de Boulogne et Calais se prêtant un mutuel secours, les voyageurs pressés qui partent pour Londres de Pétersbourg, de Constantinople, de Milan, ou de tout autre point de l'Europe, doivent se diriger sur Douvres, pour s'embarquer soit à Boulogne, soit à Calais.

Cependant ces deux villes sont ennemies. Elles ne voient pas que chacune d'elles doit à l'autre la préférence qu'on leur accorde sur les traversées de Dieppe à Brington et d'Ostende à Londres. Mais leur inimitié, qui tient en partie à ce que le port de Boulogne, amélioré depuis peu, est en grande concurrence avec celui de Calais, semble destinée à s'amortir, notamment, comme on va le voir, à cause de l'établissement des chemins de fer.

Celui de Londres à Douvres paraît être d'une exécution prochaine (§ 120); et si ceux de Paris à Boulogne et à Calais, de Bruxelles à Calais et à Boulogne, sont bientôt exécutés, on ne s'occupera guère des chemins de fer qui peuvent les suppléer pour arriver à d'autres points de la côte, puisqu'on aura la communication qui, grâce à la solidarité de Calais et de Boulogne, se trouve la plus essentielle. Alors le port de Boulogne intéressera l'Europe méridionale ; Calais intéressera l'Europe septentrionale, et ces deux ports, au besoin, devront se suppléer, ce qui exigera qu'on puisse communiquer rapidement de l'un à l'autre.

Dans les beaux temps, l'embarquement et le débarquement étant toujours possibles, en dehors des jetées, à Boulogne, à Douvres et à Calais, le voyage de Londres à Paris s'opérera en treize heures, et celui de Londres à Bruxelles en douze.

Si l'on fait attention à la population de Londres et de Paris, si l'on pèse bien les considérations qui sont exposées plus loin (§ 101 et § 102), on reconnaîtra sans doute que le chemin de Boulogne à Paris doit devenir promptement une communication d'une très-haute importance.

§ 101. *De quelques améliorations de la fortune publique à attendre de l'exécution des chemins de fer de Paris au nord de la France.*

Dans nos idées, la circulation sur les chemins de fer

de Paris au nord de la France devant, comme on le verra plus loin (§ 119), s'opérer à bas prix au bout de fort peu de temps, un vaste pays jouirait non-seulement des avantages ordinaires dus à des voies nouvelles d'un parcours à bon marché, mais de quelques améliorations dont le besoin se fait sentir dans ce pays.

Ainsi, le port de Boulogne étant devenu, par les travaux qu'on vient d'y faire, un de nos bons ports, il lui fallait une voie de communication par laquelle on pût conduire à bas prix, dans l'intérieur, les produits maritimes et les produits du nord ; les chemins de fer fourniront cette communication.

Le poisson salé que Boulogne envoyait à Paris par la Seine, y arrivera par ces chemins. Les marbres de Marquise ; les houilles et les fers qu'une compagnie qui se forme extraira d'Hardinghen, près Marquise, et les pierres de Saint-Leu sur l'Oise, approvisionneront la Picardie, où ces matières manquent.

Les houilles de Valenciennes et de la Belgique se répandront dans les environs de Bapaume, d'Albert et de Clermont, où elles n'arrivaient que par terre, et cet objet de transport sera fort important.

Les chemins de fer dont il s'agit produiront encore un autre résultat d'une bien grande utilité ; c'est qu'ils forceront à baisser les droits de la navigation, laquelle sans cela ne soutiendrait pas la concurrence avec ces chemins après l'extinction des péages (*).

Sous ce rapport, le projet de Paris à Lille par Amiens, et la desserte de Boulogne, Calais et Dunkerque, au moyen de l'embranchement d'Amiens à Boulogne par Abbeville, seraient d'une utilité remarquable pour Creil, Compiègne,

---

(*) En profitant, pour le rachat des canaux concédés, de cette concurrence des chemins de fer, le gouvernement aura de moins fortes sommes à payer, et de moins grandes oppositions à vaincre.

Noyon, Saint-Quentin, Douai, Arras, Béthune, Aire et Saint-Omer, au cas même où ces villes n'auraient pas de chemins de fer (*), car elles seraient assurées d'avoir bientôt une navigation à meilleur marché. A cet avantage se joindrait encore pour ces mêmes villes celui de transports par eau faits moins négligemment. En effet, dans l'état actuel des choses, les mariniers, les marchands de houille et tous les négociants qui s'approvisionnent par eau, peuvent se dire, et se disent nécessairement, que si de longues gelées ou de longs chômages gênent les arrivages, ils pourront après élever leurs prix et trouver dans le renchérissement une compensation de leurs pertes, et même quelquefois un avantage plus grand que ces pertes. Mais les chemins de fer desservant les besoins publics concurremment avec les canaux, ce que les mariniers n'amèneront pas par eau promptement et en temps opportun sera sans compensation pour eux et pour leurs commettants, ce qui préviendra quantité de négligences qui excitent continuellement des plaintes contre la navigation.

§ 102. *Sur les transports de marée des ports du Pas-de-Calais à Paris.*

Les dépenses que l'on fait pour donner aux transports de marée toute la rapidité possible sont excessives, et l'on sait que lorsqu'on aura des chemins de fer, cette sorte de transports devra s'opérer avec toute la vitesse que l'on pourra donner aux voyageurs. Il s'ensuit que la marée circulera dans des voitures à ressorts, ayant un chargement de la moitié de leur poids seulement, comme dans le cas

____

(*) Il n'en serait pas de même pour les villes de Clermont, d'Albert, de Bapaume, etc., si l'on exécutait la ligne de chemins de fer de Saint-Quentin, parce que le transport à faire par terre pour amener, par exemple, le charbon dans ces villes, serait toujours un obstacle qui les rendrait peu sensibles aux améliorations de la navigation.

des voyageurs (§ 91). Et comme ces voitures reviendront vides de Paris aux ports, on peut compter qu'un poids de poisson de mer de 80 kilogrammes coûtera pour la locomotion, autant au moins qu'un voyageur estimé aussi, avec son bagage, à 80 kilogrammes.

Ces considérations donnent à l'embranchement d'Amiens à Boulogne, Calais et Dunkerque, par Abbeville, une nouvelle importance. En comptant, comme nous venons de le dire, chaque poids de 80 kilogrammes de marée pour un voyageur, les transports de marée, entre Dunkerque et Paris, équivaudront, d'après les renseignements que nous nous sommes procurés (*), aux nombres ci-après de voyageurs transportés, savoir :

De Dunkerque à Calais.	5,000
De Calais à Boulogne	12,000
De Boulogne à Abbeville.	75,000
D'Abbeville à Amiens	81,000
De Lille à Miraumont.	9,000
De Valenciennes à Miraumont .	4,500
De Miraumont à Amiens	15,000
D'Amiens à Creil.	60,000
De Creil à Paris	57,000

§ 103. *Des deux tracés de Paris à la Belgique, par Amiens et par Saint-Quentin, sous le rapport militaire.*

On a fait valoir en faveur du tracé de Paris à Lille par Saint-Quentin, que ce tracé peut, sans grande difficulté, être dirigé par la place de Douai, et que cette place, à cause de son arsenal, de sa fonderie, et comme lieu qui intéresse Lille pour les inondations en cas de guerre, est d'une importance militaire qui rend ce tracé préférable à tout autre.

(*) Ces renseignements nous ont fait voir que les évaluations qu'on trouve dans l'annuaire du bureau des longitudes, pour la consommation de Paris, sont, en ce qui concerne la marée, beaucoup au-dessous de la réalité.

Cette conclusion nous paraissait bien motivée; mais un de nos anciens condisciples, dont les connaissances en stratégie sont fort estimées, nous a fait remarquer que, malgré l'importance des raisons que nous venons d'indiquer, la question était dominée par des considérations devant lesquelles disparaît l'utilité de Douai, place qui d'ailleurs sera liée à la ligne principale tout au moins par un embranchement (§ 97).

En cas de guerre, en effet, un de nos besoins de premier ordre est d'avoir une communication assurée de Paris à Lille et à Anvers, et la direction dans laquelle la capitale est menacée étant celle des Ardennes à Paris, le chemin de fer d'Amiens est incomparablement mieux à l'abri des atteintes de l'armée envahissante que celui de Saint-Quentin. Ce dernier étant d'ailleurs le plus long, il s'ensuit que le chemin de fer passant par Amiens est celui qui convient le mieux à la défense du royaume.

Non-seulement il se trouve éloigné tout à la fois, et de la côte, et de la direction que l'ennemi doit suivre, mais il se trouve encore protégé par les fortifications de la citadelle d'Amiens, et des places de Bapaume, Arras et Douai, qu'il laisse alternativement à sa droite et à sa gauche.

§ 104. *Des deux tracés de Paris à la Belgique, par Amiens et par Saint-Quentin, le premier semble devoir être préféré.*

Les motifs qui tendent à faire préférer le tracé d'Amiens nous paraissent être les suivants :

1° La ligne de Paris à Lille, par Amiens, est plus courte de six lieues que celle par Saint-Quentin ;

2° Le terrain par Amiens se prête mieux à l'emploi des courbes d'un grand rayon, ainsi qu'à l'emploi des pentes faibles ;

3° Il est d'une exécution moins dispendieuse ;

4° Il se prête incomparablement mieux à l'exécution de l'embranchement de Boulogne, dont on connaît l'utilité (§ 100 et § 101) ;

5° Il n'est pas contigu, comme celui de Saint-Quentin, à une ligne canalisée satisfaisant déjà, et devant satisfaire toujours, à beaucoup des besoins du pays traversé ;

6° Il approvisionnera de houille des parties du Pas-de-Calais, de la Somme et de l'Oise, qui continueraient à ne s'en procurer que très-difficilement (§ 101) ;

7° Il facilitera des transports de marée qui sont d'une grande importance (§ 102) ;

8° Il amènera des améliorations de navigation utiles même à Saint-Quentin, ce que le tracé de Saint-Quentin ne ferait pas pour Amiens (§ 101) ;

9° Il est plus avantageux à la défense du royaume que le tracé de Saint-Quentin (§ 103).

Voici les motifs qui militent en faveur de ce dernier :

1° Les transports se font actuellement, ou par Saint-Quentin, ou par Péronne et Pont-Sainte-Maxence, et non par Amiens, de sorte que le chemin de fer maintiendrait les habitudes actuelles ;

2° La ligne de Paris à Valenciennes serait plus courte que par Amiens d'environ une lieue trois quarts ;

3° Ce tracé se prêterait un peu plus que celui d'Amiens à l'exécution d'un embranchement sur Soissons et Reims.

A part des considérations diplomatiques, administratives et commerciales, que nous n'aurions pas appréciées, l'intérêt général du royaume semble donc devoir faire préférer le tracé d'Amiens.

En cela les chemins de fer dédommageront probablement la Picardie des désavantages qu'elle éprouvait en fait de voies de communication. Effectivement, quand il s'est agi d'établir des lignes navigables de Paris au nord de la France, la disposition des vallées a favorisé Saint-Quentin ; quand il s'est agi d'avoir dans le même sens des routes pavées d'un parcours facile, les carrières de grès ont favorisé Pont-Sainte-Maxence, Péronne et Saint-Quentin, de sorte que la ville d'Amiens, quoique d'une population plus que double de celle de Saint-Quentin, ne présente encore, du nord au midi, qu'une route peu suivie à cause de la difficulté de la rendre bien roulante. Mais en fait de chemins de fer la Picardie, à son tour, paraît être plus favorisée par la configuration du sol que les localités voisines.

§ 105. *Des deux tracés de Paris à la Belgique, par Lille et par Valenciennes.*

La rivalité qui se présente, pour les tracés, entre les villes de Pontoise et de Marly (§ 99), entre celles d'Amiens et de Saint-Quentin (§ 104), existe aussi entre Valenciennes, Mons et Bruxelles, d'une part (*); Lille, Roubaix, Turcoing, Courtray et Gand, d'autre part (**).

Si l'on considère les populations, elles sont plus fortes du côté de Lille.

Si l'on considère les pentes, elles sont aussi plus avantageuses du côté de Lille ; car entre Mons et Bruxelles on est obligé d'en admettre de quatre millièmes et demi, et c'est un inconvénient assez notable.

Si l'on considère Calais, Dunkerque, Ostende et Gand, comme lieux de destination, le côté de Lille est encore préférable.

Si l'on considère Malines, Anvers, Cologne et les villes d'Allemagne comme lieux de destination, les deux tracés par Lille et par Valenciennes seront à peu près équivalents, le premier étant un peu plus long, et le dernier présentant de plus fortes pentes.

(*) Nous ne citons pas la ville de Cambrai, à laquelle on opposerait Arras et Douai, plus intéressées à la ligne de Lille qu'à celle de Valenciennes.

(**) Le terrain, entre Lille et Bruxelles, ne permet pas qu'un bon tracé puisse être fait de l'une à l'autre de ces deux villes.

Si l'on considère l'importance des houillères, le côté de Valenciennes acquiert l'avantage.

Enfin, si l'on considère que Bruxelles est une capitale, l'utilité penche encore pour la ligne de Valenciennes.

Dans une question aussi embarrassante, il est heureux que l'importance des deux lignes de Lille et de Valenciennes soit si grande qu'il y ait accord sur la nécessité de les exécuter toutes les deux à la fois.

§ 106. *Du système de chemins auquel nous allons appliquer les calculs d'exécution, d'entretien, etc., etc.*

On peut choisir parmi les lignes de chemins de fer dont l'étude nous occupe, plusieurs systèmes de tracés propres à joindre Paris et les cinq villes de Boulogne, Calais, Dunkerque, Lille et Valenciennes.

Celui de ces systèmes auquel nous allons appliquer nos vues d'exécution, se compose :

1° D'une ligne principale allant de Paris à Lille, par Longueau, près Amiens ;

2° D'un embranchement de Longueau, par Amiens et Abbeville, aux trois ports de Boulogne, Calais et Dunkerque ;

3° D'un embranchement de Miraumont à Valenciennes, par Cambrai.

Si l'on nous demande pourquoi nous choisissons ce système de préférence aux systèmes différents qu'on peut lui opposer, nous répondrons, premièrement que c'est parce qu'il est un de ceux qui doivent le plus, dans l'intérêt général, attirer l'attention, et secondement parce qu'il nous faut un exemple.

Si, d'ailleurs, un autre système, sous le rapport industriel, est préférable à celui qui vient d'être décrit, on sera en mesure, après les enquêtes, de faire les calculs comparatifs propres à décider la question (§ 117). Nous déclarons ici que nous n'avons pas fait ces calculs, mais que nous soupçonnons qu'ils doivent être favorables au système que nous prenons pour exemple, ou tout au moins à un système de chemins bien peu différent de celui dont il s'agit.

Au surplus, les conséquences auxquelles nous allons arriver, pour ce système de tracés, seront vraies, à plus forte raison, pour tout autre système de chemins qui serait plus propre à bien satisfaire aux intérêts industriels du pays.

§ 107. *Tableau de la circulation qui aurait lieu, dans l'état actuel des choses, sur les diverses parties du système de chemins de fer qui vient d'être décrit.*

D'après les renseignements que nous nous sommes procurés, voici les nombres de voyageurs et de tonneaux de marchandises qui seraient transportés par les chemins de fer dont il s'agit, si les péages étaient peu élevés :

LIGNES PARCOURUES.	VOYAGEURS.	MARCHANDISES.
De Dunkerque à Calais. . . . , .	21,000	3,700
De Calais à Boulogne	50,000	3,800
De Boulogne à Abbeville. . . . ·	148,000	6,800
D'Abbeville à Longneau. . . . ·	123,000	7.300
De Lille à Miraumont . . . . ·	53.000	53,000
De Valenciennes à Miraumont ·	20,500	22,500
De Miraumont à Longueau . . .	77.000	71,500
D'Amiens à Creil. . . , ... ·	188,000	83,000
De Creil à Paris . . . . ·	210,000	108,000

NOTA. Nous n'avons aucune donnée sur les transports qui se font vers la Belgique au delà de Lille et Valenciennes.

Dans ces nombres, nous comprenons pour la colonne des voyageurs, les transports de marée indiqués § 102. Il est bien certain que par cela seul qu'on aurait des chemins de fer fréquentés à bas prix , la quantité des transports serait toute différente de ce qu'elle est aujourd'hui , et que les chiffres de notre tableau se trouveraient modifiés par l'apparition soudaine de transports qui ne se font pas maintenant (§ 101); mais l'appréciation de ces changements étant fort difficile , nous nous bornerons à établir nos calculs sur l'état actuel des choses , état que chacun peut vérifier dans la localité où il se trouve , et dont il faudra toujours partir pour se faire une idée des variations ultérieures de la circulation.

§ 108. *Des prix d'exécution et d'entretien , eu égard au nombre des voies.*

Il résulte du tableau du paragraphe précédent , que , pour l'état actuel de la circulation , les parties de chemin de fer du système indiqué § 106 , situées , d'une part , entre Dunkerque et Calais , d'autre part , entre Creil et Paris , présenteraient des transports qui seraient en voyageurs dans le rapport de 1 à 10 , et en marchandises dans le rapport de 1 à 30. Si l'on exécute la partie de Paris à Creil avec deux voies , devra-t-on aussi exécuter celle de Dunkerque à Calais avec deux voies ?

Tout le monde reconnaîtra que , pour une partie aussi peu fréquentée que cette dernière , une voie sera longtemps suffisante.

D'après cela , nous avons cru devoir faire l'estimation des travaux d'exécution et d'entretien , en partant de l'état actuel de la circulation , et en supposant des parties à deux voies intercalées entre les parties à une voie , de façon que la longueur des premières augmentât avec le nombre des voyageurs. Nous admettons que la lieue de chemin de fer à deux voies coûte moyennement 700,000 francs , ou 175 francs par mètre , et la même longueur avec une voie , les terrains étant achetés pour deux voies , à 400,000 fr.

par lieue, ou 100 fr. par mètre. Voici en conséquence le tableau des prix que nous employons :

Fréquentation annuelle en voyageurs.	Parties à deux voies.	PRIX PAR MÈTRE.	
		Exécution.	Entretien.
		fr.	fr.
De zéro à 24,999 . . .	1/6	112	3,00
De 25,000 à 49,999 . . .	1/5	115	3,50
De 50,000 à 99,999 . . .	1/4	120	4,00
De 100,000 à 149,999 . . .	1/3	125	4,50
De 150,000 à 199,999 . . .	1/2	140	5,00
De 200,000 à 250,000 . . .	1	175	5,50

§ 109. *Observation sur les parties du chemin de fer qui n'auront pas partout deux voies.*

On se figure généralement que sur un chemin de fer à deux voies, l'une étant consacrée aux convois qui vont dans un sens, et l'autre à ceux qui vont dans le sens contraire, jamais un convoi ne gêne le passage d'un autre convoi. C'est une erreur.

Il y a sur un chemin de fer trois sortes de convois : 1° ceux des voyageurs allant à grande vitesse (35,000^m à l'heure) ; 2° ceux qui s'arrêtent devant de nombreux bureaux où peuvent monter ou descendre les voyageurs, ce sont les convois à petite vitesse (*) ; 3° ceux qui conduisent des marchandises, lesquels, pour l'économie des dépenses de locomotion, font environ 20,000^m à l'heure. Il résulte de là que pour un chemin comme celui de Paris à Lille, supposé fait, tous les convois de voyageurs partant à midi, par exemple, avec la grande vitesse, ont à dépasser tous

____
(*) Leur lenteur ne tient qu'aux pertes de temps occasionnées par les bureaux devant lesquels on s'arrête.

les convois de marchandises et tous les convois à petite vitesse qui sont partis avant midi. Il faut donc que les points où ces convois se dépassent soient pourvus de *gares d'évitement*, c'est-à-dire de doubles voies d'une petite longueur que chaque convoi parcoure isolément.

Or, il est évident qu'au moyen de ces gares tout le service peut être fait avec une seule voie.

Et l'on remarquera qu'un chemin de fer étant une machine fort perfectionnée sur laquelle les convois doivent partir et arriver à des heures précises, il n'est pas difficile de calculer les parties où doit s'opérer la rencontre des convois marchant dans des sens différents, en sorte qu'on peut très-bien établir ces parties avec deux voies.

Il y a d'ailleurs un moyen tout simple de prévenir sur cet objet l'inconvénient des erreurs qui pourraient résulter de ce que l'heure d'arrivée d'un convoi ne serait pas exactement l'heure prescrite, c'est de donner à la partie à deux voies une longueur qui excède convenablement la longueur qui serait nécessaire pour le croisement, si les convois arrivaient juste aux moments prévus. Ainsi, le retard possible d'un convoi étant évalué, par exemple, à deux minutes, la partie en double voie, qui devrait être de 500^m, en aurait 1666.

Nous croyons que les proportions de parties à double et à simple voie du tableau précédent, satisfont largement et pour bien des années, sous ces différents rapports, aux besoins de la circulation. Il faut bien remarquer d'ailleurs qu'il ne s'agit pas d'imiter l'Angleterre, qui est plus populeuse et plus commerçante que la France, et qui a le fer à bon marché.

Nous supposons aussi que les travaux seront bien faits, et que ce ne sera pas la reconstruction sous forme d'entretien qui fera demander la double voie (*).

____

(*) La Belgique a opéré comme nous le proposons ici, et son exemple est bien digne d'être imité (S 120). Il consiste à éviter en débutant ce grandiose très-recherché et presque toujours funeste.

§ 110. *Des dépenses d'exécution et d'entretien.*

Nous considérons trois objets :

Le premier, relatif aux chemins aboutissant à Boulogne, Calais, Dunkerque, Lille et Valenciennes. Il s'évalue au moyen des prix du § 108, appliqués au système de tracés décrit § 106.

Le second comprend, 1° le prolongement de ces chemins de Lille et Valenciennes à la frontière ; 2° les bureaux, hangars, magasins, ateliers, etc., nécessaires à l'ensemble de l'exploitation des transports par un fermier.

Le troisième enfin se compose des intérêts à payer pour les capitaux improductifs pendant l'exécution.

Voici les résultats de nos calculs :

	EXÉCUTION.	ENTRETIEN.
	fr.	fr.
Premier objet.	65,001,500	2,147,900
Deuxième objet	3,048,500	102,100
Troisième objet	5,150,000	»
Totaux	75,000,000	2,250,000

§ 111. *De l'emprunt à faire, eu égard aux subventions du gouvernement et des départements.*

Suivant nos propositions, les péages seront promptement éteints, et la prospérité publique se trouvant augmentée, les impôts de toute espèce, sauf l'impôt foncier, produiront beaucoup plus (§ 2) qu'ils ne produisent maintenant. De même les octrois, les centimes départementaux, etc., donneront aux villes et aux départements traversés des revenus plus considérables que leurs revenus actuels. Il est donc juste que le trésor et les départements intéressés participent à la dépense, au moins pour une partie de l'avantage que l'exécution doit leur procurer.

Nous supposerons que la subvention du trésor soit seulement d'un dixième, ou 7,500,000 fr., et celle des départements d'un trentième, ou de 2,500,000 fr.

Ces cotisations, représentées par des revenus de 375,000 et de 125,000 fr., nous paraissent faibles. Les 125,000 fr. à partager entre six départements, parmi lesquels figurent la Seine, le Nord, le Pas-de-Calais et la Somme, ne donneraient moyennement pour chacun d'eux qu'une rente perpétuelle de 21,000 fr. Ce serait certainement, pour ces départements et pour le trésor, une participation bien au dessous des avantages qu'ils en retireraient. Admettons-la toutefois.

Le trésor donnant	7,500,000 fr.
Les départements.	2,500,000
Le péage aurait à rembourser un capital de.	65,000,000
Total pareil au montant des dépenses d'exécution (§ 110).	75,000,000

Un emprunt, fait en conformité de ce que nous avons exposé précédemment (§ 67), pourra fournir ces 75 millions. Le budget de l'État et les budgets des départements serviraient la rente et l'amortissement de leurs cotisations montant à 10 millions, et la question à résoudre consisterait à rembourser par le péage 65 millions, en même temps qu'on payerait chaque année les intérêts des sommes dues.

La solution de cette question, ne serait, comme on le verra plus loin (§ 115), fatigante pour personne.

§ 112. *Comment il convient de pourvoir à la dépense d'entretien.*

L'entretien des chemins de fer étant fort coûteux, on peut penser qu'on doit le solder, au moins en grande partie, par le moyen des péages. Examinons cette question.

Les transports sur les chemins de fer, à cause de la rapidité, devant être, plus que les transports des autres voies de communication, utiles à une grande masse de citoyens, il faut que le prix en soit abaissé le plus possible. De plus, la circulation sur ces chemins devant s'opérer avec beaucoup d'ordre, il sera nécessaire, indispensable même, à l'époque où chacun les emploiera librement sous la protection de règlements bien faits, qu'aucun péage ne vienne gêner et ralentir la marche des marchandises et des voyageurs. Enfin, puisque le gouvernement entretient à ses frais les routes royales, comme routes les plus utiles, à plus forte raison devra-t-il, après un certain temps, entretenir les grandes lignes de chemins de fer, car elles desserviront plus de transports que les routes les plus fréquentées.

Cependant, si l'on n'exécutait que quelques lignes principales, serait-il juste que la France tout entière fît les frais de leur entretien ? Non sans doute.

Dans ce cas, il convient que l'État ayant pris à sa charge la juste part qui intéresse tout le royaume, comme essai d'art et de législation profitable peu à peu à toute la population, les départements traversés se cotisent pour des parts de dépense proportionnelles à leurs avantages respectifs.

Pour entrer le plus possible dans la manière de voir qui domine, nous supposerons que sur le montant total de 2,250,000 fr., nécessaire pour l'entretien, deux millions soient à la charge du péage, et que la part du gouvernement se réduise à la somme assez insignifiante de 250,000 fr.

Mais il doit être bien entendu que les efforts du gouvernement et des départements devront se réunir pour qu'après un délai de 10 ou 15 ans ils subviennent aux dépenses d'entretien sans le secours d'aucun péage.

§ 113. *Calcul des chiffres du tarif transitoire.*

Conformément au système d'idées indiquées § 4, nous supposerons que les prix de transport, sur les chemins de fer dont il s'agit, ne doivent pas différer, pendant la première année, des prix de transport analogues sur les routes. Et comme la rapidité de la marche, sur les chemins de fer, est d'un grand avantage, nous assimilerons le prix de transport à l'origine sur ces chemins, au prix très-élevé de $0^f,50$ par voyageur et par lieue dans les voitures publiques, et pour le roulage des marchandises à celui de $0^f,80$ par tonne et par lieue. Nous prenons en considération, pour ce dernier transport, le rallongement de trajet que les tracés de chemins de fer occasionneront en général.

	VOYAGEURS.	MARCHANDISES.
	f.	f.
Les prix de transport par kilomètre seront donc de	0,125	0,200
Les frais de locomotion (§ 94) sont de .	0,022	0,045
Les chiffres du péage de la première année seront donc de.	0,103	0,155

Et si l'on admet que ce péage diminue par dixièmes, on aura la table suivante des péages et des prix du tarif d'adjudication du fermage, selon les réductions opérées.

RÉDUCTION du péage opérée en dixièmes.	VOYAGEURS.		MARCHANDISES.	
	MONTANT du péage.	PRIX d'une place.	MONTANT du péage.	PRIX par tonne.
	fr.	fr.	fr,	fr.
0	0,103	0,125	0,155	0,200
1	0,091	0,115	0,140	0,196
2	0,082	0,104	0,124	0,169
3	0,072	0 094	0,109	0,154
4	0,062	0,084	0,093	0,138
5	0,052	0,074	0,078	0,123
6	0,041	0,063	0,062	0,107
7	0,031	0,053	0,047	0,092
8	0,021	0,043	0,031	0,076
9	0,010	0,032	0,016	0,061
10	0,000	0,022	0,000	0,045

Nous supposerons que le fermier du chemin doive chaque année verser au trésor le montant du péage pour les transports qui auront eu lieu, et que son rabais porte seulement sur les prix de locomotion. Les produits du péage seront par-là indépendants du rabais. On verra § 115 comment ils seront employés pour satisfaire à l'entretien et à l'amortissement du capital ｜emprunté.

§ 114. *Des produits.*

On ne peut pas évaluer les produits sans faire des hypothèses sur la fréquentation. Celles que nous admettons sont établies sur la circulation actuelle, que nous trouvons, calcul fait d'après les chiffres du § 107, en kilomètres parcourus, savoir :

> Par un voyageur, de. 52,351,000
> Par une tonne de marchandises de 20,480,000

Nous supposons que le haut prix du péage, et les intermittences de viabilité possibles dans la première année, empêcheront qu'une partie des transports actuels se fasse par les nouvelles voies. Pour les voyageurs, la curiosité devant rendre une partie de ce que ces circonstances feront perdre, nous admettons qu'on aura dès la première année 26,175,000 kilomètres parcourus, dans la deuxième le double, ou ce que donne l'état actuel des choses, et qu'ensuite la circulation augmentera de 26,175,000 kilom. parcourus par année jusqu'à ce qu'elle soit triple de ce qu'elle est ; après quoi nous supposons qu'elle se maintiendra dans un état constant.

Pour les marchandises nous admettons que les transports dans les 1re, 2e, 3e, 4e et 5e années seront de $\frac{2}{4}$, $\frac{3}{4}$, $\frac{4}{4}$, $\frac{5}{4}$ et $\frac{6}{4}$ des transports actuels, et qu'ils se maintiendront ensuite au taux de la 5e année.

Enfin, nous supposons que les péages, au lieu de décroître toujours d'un dixième par an, soient stationnaires pendant les 6e, 7e, 8e et 9e années, 10e et 11e, et pendant les 13e et 14e.

Le tableau suivant présente les recettes annuelles calculées selon ces hypothèses.

Comme leur objet est d'amortir le capital emprunté, il convenait de rapporter toutes les valeurs à une origine commune, et il était tout naturel de choisir pour cette origine l'époque de la jouissance du public.

D'après cela, nous avons dû multiplier la recette de chaque année par le nombre qui, en tenant compte des intérêts, ramène la valeur de la rente d'une année à celle qui la représente à l'origine du placement. Ce nombre se trouve dans la deuxième colonne du tableau du § 46, vis-à-vis du chiffre indicatif de l'année sur laquelle on opère.

Mais dans la somme de recettes ainsi calculée, et qui s'élève à 82,943,138 fr., ne sont pas compris les produits

ANNÉES.	Transports en voyageurs et en marchandises.	PÉAGES.	Millions de kilomètres parcourus.	Produits partiels, en millions de francs.	Recettes annuelles, en millions de francs.	Valeurs, à l'origine, de l'unité de recette, selon les années.	RECETTES, en francs, ramenées à l'origine de la jouissance du public.
		f.	m.k.	m. f.	(m. f.)	f.	fr.
1e	Voy.	0,103	26,175	2,606	4,284	0,952	4,079,362
	Mar.	0,155	10,243	1,588			
2e	Voy.	0,093	52,351	4,860	7,020	0,907	6,307,140
	Mar.	0,140	15,365	2,151			
3e	Voy.	0,082	78,526	6,439	8,979	0,864	7,757,856
	Mar.	0,124	20,486	2,790			
4e	Voy.	0,072	104,702	7,739	10,330	0,823	8,501,590
	Mar.	0,109	25,608	2,791			
5e	Voy.	0,062	130,877	8,114	10,972	0,784	8,602,048
	Mar.	0,093	30,729	2,858			
6e	Voy.	0,052	152 053	7,907	10,304	0,746	8,226,784
	Mar.	0,078	30,729	2,397			
7e	Id.	Id.	Id.	Id.	Id.	0,711	7,326,144
8e	Id.	Id.	Id.	Id.	Id.	0,677	6,975,808
9e	Id.	Id.	Id.	Id.	Id.	0,645	6,646,080
10e	Voy.	0 041	152,053	6,234	8,139	0,614	4,997,346
	Mar.	0,062	30,729	1,905			
11e	Id.	Id.	Id.	Id.	Id.	0,585	4,761,315
12e	Voy.	0,031	152,053	4,714	6,128	0,557	3,413,296
	Mar.	0,046	30,729	1,414			
13e	Voy.	0,021	152,053	3,193	4,146	0,530	2,197,380
	Mar.	0,031	30,729	0,053			
14e	Id.	Id.	Id.	Id.	Id.	0,505	2,003,730
15e	Voy.	0,010	152,053	1,521	2,012	0,481	968,253
	Mar.	0,010	30,729	0,402			

Valeur totale des recettes ramenées à l'origine 82,913,138

Nota. Pour avoir des unités de kilomètres et des unités de francs, dans les 4e, 5e et 6e colonnes, il faut ajouter une tranche de zéros aux chiffres de ces colonnes.

des parties de chemin comprises entre les villes de Lille et de Valenciennes et la frontière de Belgique, parties pour lesquelles nous manquons de données (§ 107). Le développement de ces parties est du dix - neuvième environ de la somme de toutes les autres ; nous admettrons qu'elles doivent présenter une fréquentation moyenne, et nous trouverons en conséquence que leur produit particulier est de 4,363,849 fr., ce qui porte la valeur totale des recettes à 87,276,987 fr.

§ 115. *Remboursement du capital emprunté.*

La valeur des recettes, en quinze ans de jouissance du chemin, vient d'être trouvée, pour l'origine de cette jouissance, de . . . .   87,276,987 fr.

Avec cette valeur il faut payer l'entretien et rembourser le capital emprunté.

L'entretien est de 2 millions (§ 112), lesquels, pour quinze ans de durée, donnent une valeur égale à 2,000,000 multipliés par le chiffre 10,380, pris dans la 3ᵉ colonne du tableau du § 46, ci. . . . . 20,760,000 fr.

Capital emprunté   65,000,000

Total à solder   85,760,000   85,760,000 fr.

Reste disponible . . . .   1,516,987 fr.

Ce reste pourra être employé en récompenses à accorder comme il a été dit § 73.

Si la circulation était plus considérable que nous ne l'avons supposé, la durée de quinze ans, qui permet le remboursement, pourrait être réduite.

Si nous supposions :

1° Que le gouvernement n'accordât aucune subvention ;

2° Que les départements n'entrassent pour rien dans la dépense ;

3° Que l'entretien fût fait en totalité sur les produits ;

4° Que les transports ne s'accrussent pour les voyageurs que jusqu'au double, et pour les marchandises que jusqu'à un quart en sus de ce qu'ils sont respectivement ;

Le remboursement du capital emprunté s'opérerait encore avec rapidité; car les recettes, pour la quatrième année, seraient de 10,330,000 fr., comme on le voit par le tableau précédent, et en les maintenant à ce taux par la suspension du décroissement du péage, on aurait une puissance considérable d'amortissement.

§ 116. *De la concession des chemins en question.*

Si les chemins dont il s'agit étaient concédés à une compagnie, il faudrait qu'elle payât :

1o Les 75 millions de travaux évalués § 110, ci . . . . 75,000,000 fr.

2o L'entretien estimé § 110, dont le capital est de . . . . 45.000.000 fr.

Total . . . . 120,000,000 fr.

3o Des doubles voies que nous n'avons pas comptées, et qui seraient indispensables en cas de travaux mal exécutés exigeant de fréquentes et fortes réparations ;

4o Les salaires de l'agence d'administration ;

5o Les salaires de l'agence financière ;

6o Les salaires des agents de la partie d'art ;

7o Les pertes que les vices de composition du personnel pourraient occasionner.

Supposons que pour ces travaux, salaires et pertes, le capital ci-dessus doive être doublé, ci . . . . 240,000,000 f.

Le revenu de ce capital, à 4 et demi pour 100, sera de . . . 10,800,000 f.

Or, dans le tableau du § 114, le revenu de la cinquième année se trouve de 10,972,000 fr.; donc une compagnie, si elle n'avait pas encouru la réadjudication à sa folle-enchère, rentrerait dans ses avances au bout d'un certain temps, même dans la supposition que nous avons faite.

Mais cette compagnie, toujours dans la même supposition, qui est certainement admissible, n'aurait qu'un petit profit, avec bien des chances de pertes, et le pays, pendant soixante ou quatre-vingts ans, n'aurait pas de transports à bas prix.

Quant à la locomotion, nous l'avons laissée à part, parce que nous supposons qu'on l'affermera, et que le fermier tiendra compte du péage à la compagnie. Toutefois, il faut remarquer que si le chemin était mal exécuté, la locomotion serait plus chère, et qu'on ne trouverait peut-être pas de fermier pour le prix de l'estimation du § 113 ; dans ce cas il faudrait que la compagnie abandonnât une partie du péage au fermier, ce qui réduirait peut-être beaucoup l'intérêt de quatre et demi pour cent que devrait rapporter chaque action.

§ 117. *De deux chiffres dont la considération est utile pour comparer le système de chemins qui nous occupe à un autre système des mêmes chemins.*

Le prix des travaux, et le capital qui représente l'entretien, s'élèvent ensemble, d'après le paragraphe qui précède, à. . . . . 120,000,000 fr.

La locomotion des voyageurs, pour une circulation triple de ce qu'elle est aujourd'hui, est de. . . 67,080,000 fr.

Celle des marchandises, pour une circulation de moitié plus forte que celle d'aujourd'hui, est de. 27,683,000   }   94,763,000

Capital représentant l'exécution, l'entretien et la locomotion . . . . 214,763,000 fr.

Soit. 215,000,000

Ce capital est un des chiffres dont nous avons parlé § 106. On conçoit que moins il sera élevé par rapport à celui d'un autre système des chemins dont il s'agit, et plus ce dernier système de chemins sera désavantageux.

Cependant, ainsi que nous l'avons dit § 40, une compagnie sachant que, malgré des tarifs élevés, on préférera les chemins de fer aux routes, même avec un parcours plus long, elle pourra proposer, pour avoir de plus gros pro-

duits, un système de tracés qui, avec moins de longueur
de lignes et coûtant moins cher, obligerait les voyageurs
à faire de plus grands circuits (*). Sous ce rapport il est
bon de calculer un autre chiffre.

Le nombre des kilomètres parcourus par les voyageurs
étant de 157,053,000, c'est pour 630,000 personnes voya-
geant de Creil à Paris, dans le cas d'une circulation triple
de celle d'aujourd'hui, 241 kilomètres par personne. Or,
la distance parcourue en une heure étant de 35,000 mètres,
ces 241 kilomètres seront parcourus en 6 heures 53 minutes.

C'est le second chiffre cherché. Il représente, comme
on voit, la durée moyenne de voyage correspondante à
chaque personne arrivant à Paris ou partant de Paris.

Il est clair que si cette durée moyenne de voyage, pour
un autre système des chemins du Nord, était de plus de
6 heures 53', ce dernier système, toutes choses d'ailleurs
égales, serait sous le rapport industriel un système à
repousser.

§ 118. *Des embranchements à concéder.*

Le système de chemins de fer qui nous occupe aurait des
embranchements, savoir :

Sur Louvres ;

Sur Compiègne, Soissons et Reims ;

Sur Beauvais, et peut-être sur Dieppe ;

Sur Arras et sur Douai, etc.

Tous ces embranchements se trouvent dans des vallées
très-faciles ; leur nature de lignes secondaires déterminerait
à les exécuter avec beaucoup d'économie, à les contourner

(*) C'est ce qui arriverait si, pour lier par exemple, Boulogne, Lille et
Valenciennes avec Paris, on faisait la ligne de Paris à Lille et celle de
Valenciennes à Lille et à Boulogne, ce qui forcerait de prendre le détour de
Lille pour venir de Boulogne et de Valenciennes à Paris.

pour éviter les dépenses, ou pour passer dans des localités productives, et à ne faire deux voies que dans des cas rares. Ils seraient sans doute entrepris promptement, soit au moyen de compagnies de prêteurs, soit au moyen de compagnies exécutantes, parce que la circulation se faisant à bas prix sur les lignes principales, il y aurait un grand avantage à faire les embranchements.

Il faut remarquer d'ailleurs que l'État n'étant lié par aucun engagement pour les lignes principales, on serait débarrassé, en cas de concessions à faire, des difficultés toujours fort grandes que présente la circulation sur des lignes dépendantes de plusieurs compagnies concessionnaires.

§ 119. *Des avantages que présentent nos propositions.*

Il nous semble que par ce qui précède nous avons bien établi les vérités suivantes :

1° Il est très-aisé de parvenir à l'exécution des chemins de fer de Paris en Angleterre et en Belgique. Il ne s'agit pour cela que de vouloir utiliser les moyens financiers que présentent les localités intéressées (*) ;

2° On peut arriver dans un si court délai à une jouissance de ces chemins débarrassée de tout péage, qu'on peut être assuré, si l'on prend la peine d'éclairer le pays, d'avoir des offres beaucoup plus considérables que celles qui sont nécessaires (§ 120) ;

3° Les agents administratifs de l'État, ses agents financiers et son corps d'ingénieurs étant organisés, et pouvant opérer immédiatement, dans le but de l'utilité générale, plus économiquement (§ 36) et plus sûrement qu'une

---

(*) La population des six départements traversés est de quatre millions d'âmes ; le montant de leurs contributions figure au budget pour euviron 200 millions, et le capital dont on a besoin est représenté par une rente de 3 à 5 millions (§ 110).

compagnie, c'est le gouvernement qui doit exécuter les chemins dont il s'agit ;

4° Le but principal des intéressés qui souscriront l'emprunt étant de bonifier leur industrie, l'intérêt qu'ils voudront retirer du prêt qu'ils feront sera secondaire, et les avantages qui seront la récompense de leur empressement pouvant leur être bien exposés, on peut compter sur un emprunt souscrit à bas prix ;

5° Les prêteurs formant une compagnie représentée par des syndicats, on aura, pour obtenir de bons résultats, le secours de toutes les lumières que présentent les localités intéressées (§ 72) ;

6° L'emploi d'un tarif transitoire ménagera les industries qui souffriraient d'un changement brusque, en sorte que le bienfait des nouvelles voies s'introduira sans nuire (§ 4) ;

7° On arrivera par l'extinction des péages après une quinzaine d'années à des transports qui s'exécuteront avec toute la liberté possible (§ 112) ;

8° L'abaissement des droits de navigation dans la localité sera le résultat forcé de l'extinction graduelle des péages sur les chemins de fer (§ 101) ;

9° Les transports par eau se perfectionneront (§ 101) ;

10° Le pays ne sera dans la dépendance de personne pour modifier le tarif, hâter ou ralentir le dégrèvement ;

11° Les embranchements s'exécuteront promptement, par voie d'emprunt ou par voie de concession, sans que des engagements relatifs à la ligne principale puissent y mettre aucun obstacle (§ 118).

12° Les progrès de la législation des chemins de fer, et ceux que le commerce doit attendre d'une grande liberté industrielle, seront exempts des entraves que susciterait inévitablement une concession moins révocable qu'une loi, peut-être perpétuelle, et qui enlacerait le pays dans un système de tarifs incompatibles avec la prospérité générale (§ 12).

Ajoutons que si, comme nous croyons l'avoir prouvé dans le chapitre VI, l'extinction des péages de la navigation est sous le rapport des intérêts territoriaux et de l'intérêt du trésor, un objet de la plus haute importance, il en est de même de l'exécution de chemins de fer sur lesquels s'opéreront des transports bientôt exempts de péages. On peut donc dire, d'après cela, que *l'exécution des chemins de fer du nord, dans l'hypothèse de tarifs transitoires décroissants et de péages prochainement supprimés, est une opération facile et non moins avantageuse pour le trésor que pour le pays.*

Pour peu qu'on nous ait suivis, on ne contestera pas cette vérité; cependant elle est en opposition avec les préjugés de notre époque.

§ 120. *Des chemins de fer de l'Angleterre et de la Belgique entre Londres et Paris.*

L'Angleterre présente de tous côtés des chemins de fer projetés ou en exécution. Ceux de Londres à Brigton et à Douvres sont soumis au parlement, et déjà le bill relatif au dernier a subi l'épreuve de deux lectures. Quelques personnes disent qu'il doit être incessamment entrepris. Il permettra d'arriver au centre de Londres au moyen du chemin de Greenwich (*). Le tracé se dirige sur Douvres par Croïdon et Tunbridge, et sauf une partie d'environ 16,000 mètres, sur laquelle on emploiera des machines de renfort, les pentes du projet sont fort douces. Il

(*) Le chemin de Greenwich est en activité sur une partie de sa longueur; c'est un de ces gigantesques ouvrages dont l'exécution ne paraissait pas possible il y a quelques années. Il a 6,500 mètres de longueur; il est construit sur arcades d'un bout à l'autre, et il pénètre dans Londres jusqu'à l'extrémité du pont de Londres en traversant le faubourg de Soothwark.

ne présente que deux souterrains d'une longueur un peu considérable, l'un de 2,400 mètres, et l'autre, à l'arrivée de Douvres sur le bord de la mer, du côté du midi, de 3,200^m. M. Henry R. Palmer est l'auteur de ce projet.

En Belgique on exécute aussi de nombreux chemins de fer. Celui de Bruxelles à Anvers est en activité, et l'on s'occupe avec une sorte d'ardeur des projets qui doivent mettre en communication Malines et Cologne; Malines et Ostende, Bruxelles et Valenciennes, Gand et Lille.

Les chemins belges ne sont pas exécutés par concession, et leurs produits sont tels que, pour quelques-uns, le pays en trois ans (*) rentrera dans les avances qu'il a faites. Les députés belges qui ont voté pour que ces chemins fussent faits par le gouvernement, peuvent dire : SANS NOTRE VOTE NOS CHEMINS DE FER SERAIENT INFÉODÉS POUR QUATRE - VINGT-DIX-NEUF ANS A DES COMPAGNIES ; AU LIEU DE CELA ILS NOUS APPARTIENNENT , ET DANS TROIS ANS LA BELGIQUE POURRA SUP-PRIMER LES PÉAGES ET JOUIR DU BIENFAIT DES TRANSPORTS RAPIDES ET A BAS PRIX (**).

Cet exemple que nous offre la Belgique doit fixer l'attention de tous les gouvernements : il justifie les vérités que nous avons tâché de développer dans cet écrit, et il nous montre qu'il est de la plus haute importance pour notre progrès d'éviter les concessions des grands chemins de fer que l'on projette.

Mais l'Angleterre et la Belgique poussant ainsi leurs travaux vers la France, nous nous trouvons certains d'avoir au besoin de grands secours pour exécuter les nôtres, car

---

(*) Nous avons tâché de nous procurer des renseignements tout à fait certains sur l'exactitude de ce chiffre ; ils ne nous sont pas encore parvenus.

(**) Dans les discours prononcés en faveur de ce vote, on s'est appuyé sur les doctrines que nous avons émises dans les n⁰ˢ 1 et 2 de cet écrit. Il nous est doux de penser que nos travaux ont pu être utiles aux Belges; puissent les développements nombreux que contient le n⁰ 3 que nous publions, être d'une utilité prochaine pour la France !

les Belges et les Anglais n'obtiendront tout l'avantage qu'ils peuvent attendre de leurs avances que lorsque les communications nouvelles de Bruxelles et de Londres avec Paris seront achevées chez nous.

Il résulte de là que si les véritables intéressés, en France, souscrivaient l'emprunt seulement d'une vingtaine de millions, les capitalistes belges et anglais, et notamment la *société générale* établie à Bruxelles pour favoriser l'industrie, garantiraient au besoin, à un taux très-modéré, la partie de l'emprunt qui ne pourrait être remplie par des capitalistes français qu'à un taux trop élevé.

Cet état de choses doit faire considérer comme peu éloignée l'époque d'exécution des chemins de fer de Paris à Boulogne, Calais, Dunkerque, Lille et Valenciennes.

FIN.

NOTES

⸻ •••• ⸻

NOTE PREMIÈRE.

Calcul du nombre d'années nécessaire pour que les économies des frais de transport dues aux chemins de fer du Nord, exemptés de péages, donnent le capital qu'exige l'exécution de ces chemins.

Estimons à 0^f,40 le prix moyen du transport d'un voyageur par lieue parcourue en diligence ; ce sera à 0^f,10 par kilomètre , et les frais de locomotion sur les chemins de fer du Nord étant de 0^f,022 (§ 94), l'économie que ces chemins doivent donner sera , par kilomètre et par voyageur , de 0^f,078.

Le transport par terre d'une tonne de marchandises étant de 0^f,80 pour une lieue (§ 113), c'est 0^f,20 par kilomètre ; et , d'après le § 94 , l'économie que donneront les chemins de fer du Nord sera , par kilomètre et par tonne , de 0^f,155.

Cela posé, admettons que la réduction du prix ait doublé les transports de voyageurs ; on aura , pour les chemins dont il s'agit , 105.000.000 kilomètres parcourus par un voyageur (§ 114). Et si les transports de marchandises sont égaux à ceux qui se font maintenant, la circulation sur les mêmes chem ns sera équivalente à 30,500,000 kilomètres parcourus par une tonne de marchandises (§ 114).

L'économie, pour les voyageurs, sera donc de 105,000,000 $\times$ 0f,078 , ou de . . . . , ...   8,190,000 fr.
Et pour les marchandises de 20,500,000 $\times$ 0f,155 , ou de. .   3,177,500

Total. . . . .   11,367,500 fr.
Retranchons de cette somme le prix de l'entretien (§ 110).   2,250,000

Reste. . . . .   9,117,500 fr.

D'où l'on voit que, pour les quantités de transports dont il vient d'être question , l'économie annuelle que donneraient les chemins de fer du Nord serait d'environ 9,100,000 fr.

Ce revenu pris pendant onze années vaut , à l'origine (§ 46) 9,100,000 fr $\times$ 8,306 = 75,584,600 fr. Or, les chemins dont il s'agit ne doivent coûter que 75 millions (§ 110). Donc les économies de transport qu'ils procureraient, dans le cas des hypothèses que nous avons faites, permettent d'en payer l'exécution en moins de onze années.

Le pays, pendant ces onze années, aurait :

1o Des transports rapides ;

2o Un commerce plus actif, puisque les exportations et importations seraient moins coûteuses ;

3o Une circulation plus considérable d'étrangers ;

4o Enfin des rentrées d'octrois, de centimes additionnels et d'impôts divers plus fortes.

Ce dernier objet, comme nous l'avons dit § 111 , doit déterminer les villes intéressées et le gouvernement à participer aux frais d'exécution.

Dans ce cas , et si la dépense à rembourser par le péage était seulement de 65 millions (§ 111), elle serait soldée par les économies en sept années.

Et si les transports étaient accrus, par leur bas prix, plus que nous ne l'avons supposé, ce qui est très-possible (§ 120), il ne faudrait peut-être que quatre ou cinq ans des économies produites pour payer le capital.

On remarquera toutefois que nous n'inférons pas de ce qui précède qu'il faille opérer sans tarifs transitoires ; nous sommes bien loin d'avoir cette pensée : nous nous bornons à présenter le calcul annoncé en tête de cette note.

NOTE II.

Sur la loi qui autorise le prolongement du canal de Roubaix.

Depuis l'impression de cet écrit, une loi a autorisé le prolongement du canal de Roubaix (§ 45). Cette loi porte :

« Article 4. Le concessionnaire sera tenu d'indemniser l'État, en principal, » intérêts et frais de toutes condamnations qui pourraient être prononcées en

» vertu de l'article 11 (*) de l'acte de concession du canal de la Sensée. »

Cet article, dans l'intérêt de la société du canal de la Sensée, soulève les questions qui vont être posées dans la note suivante; et dans l'intérêt des adjudicataires de la concession du canal de Roubaix prolongé, il soulève celles que voici :

Première question. Si la société du canal de la Sensée n'est pas expropriée en totalité pour cause d'utilité publique, et ce canal revendu par l'État, les dédommagements à solder à chaque actionnaire pourront-ils être réglés sans qu'on obtienne les consentements individuels de tous ces actionnaires (**) ?

Deuxième question. Attendu que le nombre des actions du canal de la Sensée est de 175, parmi les porteurs desquelles il peut y avoir des individus absents de France, des mineurs, et des personnes qui peuvent n'accepter aucune transaction, l'exécution de l'article 4, cité plus haut, si les consentements individuels des actionnaires sont indispensables, exigerait donc un grand nombre d'années : faudra-t-il, d'après cela, que des indemnités annuelles fussent payées à la compagnie du canal de Roubaix ?

Troisième question. Si les actionnaires du canal de la Sensée actuellement absents, ou mineurs, ou non consentants à une transaction, demandaient plus tard des dommages au bout de chaque année, après avoir évalué leurs pertes au moyen des transports effectifs du canal de Roubaix, faudrait-il que les adjudicataires de ce dernier canal fussent obligés, jusqu'à la fin de la concession du canal de la Sensée, de rembourser annuellement ces dommages, de telle sorte que les actionnaires dont il s'agit devinssent, par le fait, des espèces d'associés de la concession de Roubaix ?

Il est clair que ces questions, sur lesquelles la loi nouvelle ne dit rien, seront une source de débats, fatigants pour le pays, inquiétants pour les intéressés, embarrassants pour l'administration ; ce sont des conséquences du système des concessions.

NOTE III.

Des conditions singulières dans lesquelles se trouvera la société anonyme du canal de la Sensée par la concession du canal prolongé de Roubaix.

Le canal de la Sensée a été concédé par la loi du 13 mai 1818. En conséquence de cette loi, et par ordonnance royale du 18 mai 1820, une société anonyme a

(*) L'article 11 dont il s'agit est ainsi conçu ; « Il ne sera accordé de permission » de construire aucun autre canal au préjudice du canal de la Sensée, soit dans la vallée de la Sensée, soit à dix lieues en tous sens de ce canal. »

(**) Voyez la deuxième question de la note suivante.

été substituée au concessionnaire, et cette société se trouve régie par trois administrateurs pris parmi les membres de la société qui possèdent au moins cinq actions.

Dans l'assemblée générale que l'on convoque pour l'élection des administrateurs, les porteurs de moins de cinq actions n'ont pas voix délibérative; d'où l'on voit que, d'après la loi, tout porteur d'une simple action est de fait un mineur tenu de s'en rapporter, pour l'administration de la société, aux décisions des plus forts actionnaires.

Les administrateurs déposent, pour la garantie de leur gestion, cinq actions chez le notaire de l'association. Celui d'entre eux qui remplit les fonctions de caissier général en dépose huit.

On conçoit que toutes ces dispositions peuvent être convenables en tant qu'il ne s'agit que de la jouissance et de l'entretien du canal de la Sensée, et la loi ne pouvait pas prévoir qu'il pût s'agir d'autre chose.

Elle ne pouvait pas prévoir, notamment, qu'il pût s'agir d'indemnités relatives à la concession du canal de Roubaix prolongé jusqu'à l'Escaut, puisque, suivant une de ses conditions, le prolongement de ce canal se trouvait interdit. (*Voyez* la note précédente.)

Il résulte de la nouvelle loi, par laquelle ce même canal prolongé doit être adjugé, que la société du canal de la Sensée est hors de la loi qui la constituait, sans qu'aucune disposition légale ait donné ni pu donner à cette société une autre constitution.

Supposons que les administrateurs actuels du canal de la Sensée, après avoir bien défendu les intérêts de leurs commettants contre le canal de Roubaix, se trouvent fatigués de ce travail, auquel ils ne devaient pas s'attendre d'après la loi du 13 mai 1818, et qu'ils donnent leurs démissions d'administrateurs; supposons même qu'ils vendent leurs actions, pour ne plus penser à des affaires qui leur auraient donné quelques ennuis; supposons que, parmi les nouveaux propriétaires de plus de cinq actions, il se trouve trois personnes d'une grande habileté en fait d'affaires contentieuses, et que les actionnaires, dans leur embarras, les choisissent pour administrateurs; supposons enfin que ces administrateurs, au moyen d'un prête-nom, se rendent adjudicataires de la concession nouvelle du canal de Roubaix : tout cela est sans doute admissible, et nous nous trouvons conduits à nous faire les questions suivantes, dont plusieurs sont indépendantes des hypothèses qui précèdent.

Première question. Les intérêts des actionnaires du canal de la Sensée pourraient-ils être bien défendus par leurs administrateurs, si ces administrateurs étaient intéressés directement ou indirectement à la concession du canal de Roubaix ?

Deuxième question. La loi n'ayant donné à qui que ce soit qualité pour traiter d'une indemnité à payer à la société du canal de la Sensée à l'occasion du canal prolongé de Roubaix, ouvert à moins de dix lieues du canal de la Sensée, toute transaction entre les administrateurs et le gouvernement pourrait-elle être opposée aux actionnaires qui n'auraient pas accepté personnellement l'indemnité consentie par les administrateurs ?

Troisième question. Si les actionnaires du canal de la Sensée, pour le cas imprévu, qui va se présenter, n'avaient pas confiance dans leurs nouveaux administrateurs, ne pourraient-ils pas se réunir, et nommer, contrairement aux statuts de la société, hors de leur sein, ou parmi les actionnaires qui possèdent moins de cinq actions, des personnes chargées de défendre leurs droits, de telle sorte que la société se trouvât avoir deux administrations, l'une légalement élue et voulant transiger sans qualité légale à cet effet, l'autre élue par droit naturel et demandant, ou qu'on la fasse jouir conformément à son titre, ou que, si ce titre est annulé en partie, il le soit en totalité, et qu'il y ait expropriation complète de la société à laquelle appartient temporairement le canal de la Sensée ?

Quatrième question. Faisant le compte année par année des bateaux qui auront passé sur le canal de Roubaix, lequel sera sûrement de plus en plus fréquenté, tout actionnaire présent en France, ou absent ou mineur, qui n'aura acquiescé à aucune transaction, ne pourra-t-il pas, dans le délai de trente ans, venir dire au gouvernement : Je devais me confier à la loi du 13 mai ; le canal de Roubaix, contrairement à cette loi, m'a fait subir des pertes ; voilà leur montant, donnez-moi des dommages ? Et le gouvernement, si ces dommages ne peuvent pas être loyalement contestés, ne devra-t-il pas les solder ?

Cinquième question. La gestion des administrateurs du revenu du canal de la Sensée s'opérant sous la garantie du dépôt de dix-huit actions, ne faudrait-il pas, si les administrateurs s'occupaient de régler une indemnité de dix ou quinze vingtièmes, plus ou moins, de la valeur capitale possédée par la société, que ces administrateurs augmentassent leur dépôt, et qu'il devînt équivalent à cent quatre-vingts ou deux cent soixante-dix actions, puisque sans cela les garanties des actionnaires se trouveraient amoindries par l'accroissement d'importance de la gestion à exercer ? En d'autres termes, l'effet de la loi de concession du canal de Roubaix prolongé sera-t-il de faire disparaître, en partie au moins, des garanties données par la loi du 13 mai 1818 ?

Sixième question. On peut sortir de ces difficultés en expropriant la société du canal de la Sensée, et en revendant ensuite ce canal ; peut-on en sortir autrement ?

Nota. Nous n'avions pas cru devoir nous arrêter à ces questions lorsque nous avons rédigé la note de la page 87, parce qu'elles n'avaient pas, avant le vote de la loi de concession du canal de Roubaix, l'importance qu'elles ont aujourd'hui. Comme elles justifient ce que nous avons dit des concessions (§ 45), nous nous sommes décidés à les insérer dans ces notes.

NOTE IV.

Sur les améliorations à introduire dans les ponts et chaussées.

Le n⁰ 1 de cet écrit, publié dans les premiers jours de 1829, a pour objet l'examen des améliorations dont il s'agit. Plusieurs de celles dont nous tâchions alors d'exposer l'utilité se sont depuis réalisées. Nous ne reviendrons pas ici sur cette matière ; mais nous allons indiquer les résultats obtenus par une application du système d'affiches de service que nous avons proposé chapitre III du n° 1.

Cette application date de 1830 ; elle a été faite par M. Comoy, ingénieur des ponts et chaussées, attaché au canal du Centre dont nous avions la direction en qualité d'ingénieur en chef. Il s'agissait de travaux de régie, et M. Comoy, homme dévoué à ses devoirs et d'une grande capacité, voulut que sur chaque atelier, une affiche de service exposée aux yeux de tout le monde fît connaître les noms, les signatures, les journées, demi-journées et quarts de journées de travail, selon les appels, de tous les ouvriers et agents de l'atelier. Les affiches se renouvelaient de quinzaine en quinzaine, elles donnaient le compte de chaque ouvrier ; elles prévenaient toute réclamation au moment de la paye ; elles donnaient à chaque ouvrier la conviction que l'administration voulait une gestion pure ; elles donnaient à M. Comoy la certitude d'avoir un compte vrai, et non pas un compte fictif, d'avoir les signatures des parties prenantes et non pas des signatures de complaisance.

Or, ces affiches ont été de la plus grande utilité. Elles ont prévenu beaucoup d'erreurs qui passaient inaperçues. Les ouvriers qui, jusque-là, n'avaient jamais pu voir leur compte jour par jour, et qui par cela seul qu'on ne pouvait pas, au moment du payement, leur refaire à chacun et avec détail leur calcul, étaient à tort ou à droit mécontents, se trouvèrent satisfaits. Ils virent, ce qu'ils ne croyaient pas (*), que les ingénieurs regardaient comme leur premier devoir de mettre la comptabilité sur un pied d'exactitude et de pureté exempt même de soupçon. Ils se sentirent forts contre toute erreur ou injustice dont ils administreraient la preuve. Les chefs d'ateliers et les piqueurs se virent obligés d'opérer avec soin, et de se soumettre à un contrôle qui, tout tacite qu'il était, ne devait tolérer aucune erreur, ce qui introduisit dans le service une moralité, une confiance, qui ont eu d'heureux effets.

Nous sommes bien convaincus maintenant que pour opérer à bas prix, il faut employer, dans les travaux par régie, ce système d'affiches.

Nous croyons qu'en l'étendant à tous les travaux, il offrira le seul moyen qui nous paraisse pouvoir conduire à un contrôle réel de la comptabilité.

Ce système d'affiches serait sûrement réclamé, ou du moins devrait l'être, par les syndicats dont nous avons parlé § 72, sans quoi les syndics, ainsi que les conseillers de la cour des comptes, ne pourraient faire qu'une vérification insignifiante des états qu'ils auraient entre les mains. (*Voyez*, sur cet objet, le chap. III des *Améliorations à introduire dans les ponts et chaussées.*)

Nous ferons remarquer en passant que ce système d'affiches, tant qu'on aura des ponts à bascule, présenterait l'avantage de diminuer des abus qui sont déplorables. (*Voyez* le chap. IV du même opuscule.)

(*) M. Avant l'emploi des affiches, beaucoup de personnes du pays pensaient que les chefs du canal aimaient mieux les irrégularités que les réclamations.

TABLE
DES MATIÈRES.

CHAPITRE PREMIER.

Des péages.

CHAPITRE IV.

Des actes de concession.

CHAPITRE V.

Des emprunts qui ont pour objet les travaux publics.

CHAPITRE VI.

De la navigation et des ressources financières qu'elle offre à l'État.

Pages.

APPENDICE.

CHAPITRE VII.

Sur les chemins de fer de Paris à Boulogne, Calais, Dunkerque, Lille et Valenciennes.

ERRATA.